W0274402

ACCIO
LUMOS
RIDDIKULUS
EXPECTO PATRONUM
9¾
H

DAS OFFIZIELLE Harry Potter™ BACKBUCH

WIZARDING WORLD

DAS OFFIZIELLE Harry Potter™ BACKBUCH

VON

JOANNA FARROW

PANINI BOOKS

WIZARDING WORLD

INHALT

WILLKOMMEN 6

SICHER IST SICHER! 8

HERZHAFTES 10

Blitz-Brote ⚡⚡ 12

Zauberstab-Grissini ⚡⚡ 14

Mimbulus mimbeltonia-Brot ⚡⚡⚡ 16

Salazar Slytherins Schlange ⚡⚡⚡ 18

Zauberhüte ⚡ 22

Hogwarts-Wappen-Tarte ⚡⚡⚡⚡ 24

Nimbus-2000-Käsestangen ⚡⚡ 26

Wassermenschen-Tarte ⚡⚡⚡ 28

Herzhafte Eulen-Muffins ⚡⚡ 30

Kürbispasteten ⚡⚡ 32

Nicolas-Flamel-Taschen ⚡⚡ 34

Heiligtümer-des-Todes-Brot ⚡⚡ 36

Teufelsschlingen-Brezel ⚡⚡⚡ 38

Quidditch-Feld-Focaccia ⚡⚡⚡ 40

Halloumi-Heuler ⚡⚡⚡ 44

Peitschende-Weide-Käsegebäck ⚡ 46

Antiobskuranten-Scones ⚡⚡ 48

Zeitumkehrer-Cracker ⚡⚡⚡ 50

Gleis-neundreiviertel-Polentakuchen ⚡⚡ 52

Große-Halle-Hähnchenpastete ⚡⚡ 56

Yorkshire Pudding ⚡ 58

Nussige Drachen-Nester ⚡⚡ 60

ZAUBER-SCHWIERIGKEITSGRAD

Zur Orientierung werden bei jedem Rezept Blitze angezeigt, von einem (Anfänger) bis fünf (schwierig).

⚡ ANFÄNGER

⚡⚡ LEICHT

⚡⚡⚡ MITTEL

⚡⚡⚡⚡ FORTGESCHRITTEN

⚡⚡⚡⚡⚡ SCHWIERIG

SÜSSES

SÜSSES ... 62

- Lunas Gespensterbrillen-Kekse ... 64
- Gryffindor-Schwert-Kekse ... 66
- Hogwarts-Lebkuchenschloss ... 68
- „Happee Birthdae Harry"-Torte ... 72
- Verbotener-Wald-Kuchen ... 74
- Honigtopf-Krapfenkuchen ... 78
- Brownie-Zauberkessel ... 80
- Hagrids Stein-Kekse ... 82
- Sprechender-Hut-Cupcakes ... 84
- Hauselfen-Cupcakes ... 86
- Hermines Perlentasche ... 88
- Zauberschachbrett ... 90
- Haus-Baisers à la Hogwarts ... 92
- Alraunen-Hefezopf ... 94
- Hogwarts-Siruptorte ... 98
- Fliegende Schlüssel ... 100
- Monsterbuch der Monster ... 102
- Dumbledores Zitronenbrötchen ... 106
- Knuddelmuff-Windbeutel ... 108
- Strickpullover-Kekse ... 110
- Fuchsbau-Schoko-Käsekuchen ... 112

VORLAGEN ... 115

REGISTER ... 122

ERNÄHRUNGS-FLAGGEN

Ernährst du dich vegetarisch, vegan oder glutenfrei? Dann zeigen dir die bunten Flaggen, welche Rezepte etwas für dich sind.

- V – Geeignet für VEGETARIER
- VG – Geeignet für VEGANER
- GF – Geeignet für GLUTENFREIE Ernährung

Wenn du für ein vegetarisches oder veganes Rezept Lebensmittelfarbe, Bonbons, Streusel oder andere Zutaten brauchst, überprüfe immer erst die Herstellerangaben auf der Verpackung und wähle ein Produkt mit pflanzenbasierten Inhaltsstoffen.

Accio

Willkommen beim offiziellen Harry-Potter-Backbuch

Begib dich auf ein magisches Backabenteuer!

Von Blitz-Broten, Gryffindor-Schwert-Keksen und Nimbus-2000-Käsestangen über Hagrids Stein-Kekse und Nicolas-Flamel-Taschen bis zur Quidditch-Feld-Focaccia – dieses zauberhafte Backbuch ist voll mit leckeren Rezepten, die von Harry-Potter-Filmen inspiriert sind.

Bevor du zu backen beginnst, stelle sicher, dass du alle aufgelisteten Zutaten und Utensilien zur Hand hast – und überdies Hermine Grangers scharfen Verstand, Harry Potters unerschütterlichen Mut (für die kniffligeren Rezepte) und Ron Weasleys berühmte Liebe zum Essen! Letzteres ist besonders wichtig, weil dir die Rezepte das Wasser im Mund zusammenlaufen lassen. Kein Wunder, es werden viele gesunde Lebensmittel verwendet, und es gibt zahlreiche vegetarische, vegane und glutenfreie Alternativen – achte auf die kleinen bunten Flaggen.

Sieh dir die Blitzsymbole an, die den Schwierigkeitsgrad der Rezepte angeben. Rezepte mit einem Blitz sind für Anfänger geeignet, fünf Blitze kennzeichnen schwierige Rezepte. Beginne mit einem einfacheren und arbeite dich langsam nach oben vor, oder wirf dich gleich voll ins Geschehen, je nachdem, ob du dich eher als Gryffindor, Slytherin, Ravenclaw oder Hufflepuff siehst! (Wo wir gerade bei den Häusern sind: Die Hogwarts-Wappen-Tarte auf Seite 24 ist einfach köstlich, genauso die Haus-Baisers à la Hogwarts auf Seite 92.)

Sobald du ein Rezept ausgewählt hast, wasche dir sorgfältig die Hände mit Wasser und Seife und binde eine Schürze um, um deine Kleidung zu schützen. Falls du noch zu jung bist, um außerhalb von Hogwarts zu zaubern, achte immer darauf, dass ein Erwachsener beim Kochen dabei ist, insbesondere, wenn du mit Maschinen, heißen Töpfen oder dem Ofen hantierst. Ein Erwachsener sollte dir auch helfen, die Rezepte im Hinblick auf Allergien durchzugehen.

Nimm nun einen Bleistift (oder Zauberstab, wenn du einen hast) und sage laut und deutlich: „Ich schwöre feierlich, ich bin ein Tunichtgut!" Das bringt dich gleich in die richtige Stimmung für den Harry-Potter-Küchenzauber.

Zauberhaftes Backen!

SICHER IST SICHER!

Die Rezepte sind so lecker, dass du bestimmt gleich mit dem Backen anfangen möchtest, doch vorher solltest du diese Tipps für Sicherheit in der Küche durchlesen. Sie sorgen dafür, dass alles wie durch Zauberhand geschieht.

DAVOR

Tipp 1

Hände sorgfältig mit Wasser und Seife waschen und danach mit einem sauberen Handtuch gut abtrocknen.

Tipp 2

Schürze umbinden, um die Kleidung zu schützen, und langes Haar zusammenbinden.

Tipp 3

Rezepte immer erst durchlesen und prüfen, ob alle Zutaten und Utensilien vorhanden sind, die gebraucht werden.

Tipp 4

Arbeitsfläche freiräumen und sauber machen (so sollte sie möglichst auch bleiben, während du arbeitest).

WÄHREND

Tipp 5

Wenn etwas scharf (Messer) oder heiß (Ofen) ist, einen Erwachsenen um Hilfe bitten.

Bitte nicht jemanden wie Gilderoy Lockhart – wir erinnern uns noch gut daran, was mit Harrys Arm geschah!

Tipp 6

Bei Nutzung des Ofens stets Küchenhandschuhe tragen und immer von dir weg schneiden, wenn du Messer verwendest.

DANACH

Tipp 7

Essen nie brennend heiß servieren. Etwas abkühlen lassen, bevor sich alle darauf stürzen.

Deine Freunde sind schließlich keine Drachen!

WICHTIG!

Manchmal kann Essen krank machen, wenn es nicht ordentlich gehandhabt wird. Deshalb muss man Obst, Gemüse und Kräuter vor der Verwendung gründlich waschen und rohes Fleisch von anderen Lebensmitteln trennen.

Bei einem Rezept mit rohem Fisch oder Fleisch am besten ein extra Schneidebrett verwenden. Und danach die Hände waschen!

RIDDIKULUS
EXPECTO PATRONUM
LUMOS
ACCIO
9¾

HERZHAFTES

„Lasst das Fest beginnen!"

PROFESSOR DUMBLEDORE

In diesem Teil backst du dich durch jede Menge köstliche pikante Gerichte.

Blitz-Brote

8 STÜCK | 20 MIN. PLUS GEHZEIT | 12 MIN.

Harry bekam seine blitzförmige Narbe als Baby, und zwar bei einer unschönen Begegnung mit Lord Voldemort. Die Narbe erinnert Harry immer daran, dass er kein gewöhnlicher Zauberer ist, sondern der Junge, der überlebte. Gestalte mit diesen zart schmelzenden Käsefladenbroten deine eigene Version von Harrys Mal!

V

FÜR DEN TEIG

375 g Weizenmehl (Type 812)

1 TL Trockenhefe

3 EL frische Kräuter, gehackt, oder 1 TL getrocknete Kräuter

60 g Cheddar, fein gerieben

3 EL Olivenöl

1 TL Salz

ABSCHLUSS

4 EL Cheddar, fein gerieben

Paprikapulver zum Bestreuen

1 Für den Teig Mehl, Hefe, Kräuter, Käse, Öl und Salz in einer Schüssel vermengen. 250 ml warmes Wasser zugeben und in der Küchenmaschine mit dem Knethaken zu einem Teig verkneten. Sollte der Teig zu trocken und krümelig sein, etwas Wasser zugeben.

2 Teig auf eine bemehlte Arbeitsfläche legen und 10 Minuten kneten, bis er glatt und geschmeidig ist. In eine mit etwas Öl eingefettete Schüssel legen, mit Frischhaltefolie abdecken und an einem warmen Ort etwa 1–1 ½ Stunden gehen lassen, bis der Teig die doppelte Größe erreicht hat.

3 Backofen auf 220 °C/Gas Stufe 5 vorheizen. Zwei Bleche mit Backpapier auslegen. Teig auf eine leicht bemehlte Arbeitsfläche stürzen und in acht gleich große Stücke schneiden. Jedes Stück auf einer leicht bemehlten Arbeitsfläche zu einem 17 x 11,5 cm großen Oval ausrollen.

4 Jeweils vier Brote in genügend Abstand auf ein Backblech legen. Mit der Spitze eines scharfen Messers je eine blitzförmige Narbe einritzen.

5 Locker mit eingeölter Folie abdecken und an einem warmen Ort etwa 30 Minuten leicht aufgehen lassen. 10 Minuten backen. Mit Käse und Paprikapulver bestreuen und für ein paar weitere Minuten in den Ofen schieben, bis der Käse geschmolzen ist. Warm oder kalt servieren.

VG Mit veganem Käse sind die Brote für Veganer geeignet.

„Deine Narbe ist legendär."

LUCIUS MALFOY
HARRY POTTER UND DIE KAMMER DES SCHRECKENS

ÜBRIGENS ...

Während des Drehs der acht Harry-Potter-Filme wurde dem Schauspieler Daniel Radcliffe die blitzförmige Narbe mehr als zweitausend Mal auf die Stirn gemalt.

TIPP

Diese Brote lassen sich gut einfrieren, wenn man sie im Voraus machen will. Tiefgekühlt in den auf 180 °C/Gas Stufe 3 vorgeheizten Ofen geben und 10 Minuten backen.

Zauberstab-Grissini

8 STÜCK | 1 STUNDE PLUS GEHZEIT | 10 MIN.

Backe deine eigenen Zauberstäbe, die Ollivanders Zauberstabladen alle Ehre machen würden. Aber mit welchem Muster? Hermines Efeuranken? Harrys Baumrindengriff? Oder vielleicht mit deinem eigenen Design? Immerhin wählt der Zauberstab den Zauberer! Wie auch immer du dich entscheidest, es wird köstlich schmecken … nachdem du aufgehört hast, den Stab zu schwenken. Und nun alle gemeinsam: ›Expecto Patronum!‹

V | VG

FÜR DEN TEIG

155 g Weizenvollkornmehl

¼ TL Trockenhefe

1 TL getrocknete gemischte Kräuter

1 EL Olivenöl

½ TL Salz

Mandel- oder Hafermilch zum Bestreichen

FÜR DEN DIP

120 g veganer Joghurt

120 g vegane Mayonnaise

2 EL vegane Tapenade von schwarzen Oliven

1. Mehl, Hefe, Kräuter, Öl und Salz in einer Schüssel vermengen. 90 ml warmes Wasser zugeben und in der Küchenmaschine mit dem Knethaken zu einem Teig verkneten. Sollte der Teig zu trocken und krümelig sein, etwas Wasser zugeben. Teig auf eine bemehlte Arbeitsfläche legen und 10 Minuten kneten, bis er glatt und geschmeidig ist. In eine leicht bemehlte Schüssel geben und an einem warmen Ort 30 Minuten gehen lassen.
2. Backofen auf 220 °C/Gas Stufe 5 vorheizen. Ein großes Blech mit Backpapier auslegen. Teig auf eine leicht bemehlte Arbeitsfläche stürzen und in acht gleich große Stücke schneiden. Mit den Handflächen zu Zauberstäben ausrollen, dabei den Teig am „Griff" etwas dicker und zur Spitze hin dünner werden lassen. Da der Teig beim Backen aufgeht, die Stäbe eher dünn machen. Jeder Stab sollte etwa 30 cm lang sein.
3. Zauberstab-Grissini leicht mit Mandel- oder Hafermilch bestreichen und 8–10 Minuten backen, bis sie sich fest anfühlen.
4. Während die Stäbe backen, Joghurt und Mayonnaise verrühren und alles bis auf einen Esslöffel in eine Servierschüssel geben. Die Tapenade leicht mit dem Esslöffel Joghurtmayonnaise verquirlen. Zu den Zauberstäben servieren.

PESTO

Zusätzlich zu unserem Vorschlag oben kann man die Zauberstäbe auch mit Pesto, Tomatensalsa oder veganem Käsedip servieren. Verzaubern werden sie auf jeden Fall.

TOMATENSALSA

VEGANER KÄSEDIP

TIPP

Möchtest du gern den Zauberstab deines Lieblingshelden aus Harry Potter machen? Schau dir die Beispiele an und forme deinen Stab danach. Dies sind die personalisierten Zauberstäbe von Harry, Hermine, Ron, Ginny und Professor Dumbledore.

MIMBULUS MIMBELTONIA-BROT

I LAIB | I STUNDE PLUS GEHZEIT | 35 MIN.

Wenn du wie Neville in Professor Sprouts Kräuterkunde-Unterricht gut aufgepasst hast, wirst du wissen, dass *Mimbulus mimbeltonia* eine seltene magische Pflanze ist, die einem Kaktus ähnelt, doch Beulen statt Stacheln hat. Dieses unwiderstehliche Rezept zeigt dir, wie du dir deine eigene *Mimbulus* ziehen kannst. Und keine Angst, wir haben den stinkenden Schleim weggelassen!

V

FÜR DEN TEIG

500 g Weizenmehl (Type 812)
I ½ TL Trockenhefe
I ½ TL Salz
I großes Ei, verquirlt
2 EL Olivenöl
2 EL feiner Zucker

ABSCHLUSS

Eiweiß von I großen Ei
150 g Basilikumpesto
½ rote Paprikaschote

SPEZIALAUSSTATTUNG

Brotform für I ½ Liter Inhalt
Backpinsel
Schaumlöffel

ÜBRIGENS ...

Wenn sie gereizt wird, verspritzt die *Mimbulus mimbeltonia* eine grüne Substanz aus ihren Beulen. Dieser grüne Schleim stinkt abscheulich, deshalb immer vorsichtig damit umgehen!

I Für den Teig Mehl, Hefe, Salz, Ei, Öl und Zucker in einer Schüssel vermengen. 250 ml warmes Wasser zugeben und in der Küchenmaschine mit dem Knethaken zu einem Teig verkneten. Sollte der Teig zu trocken und krümelig sein, etwas Wasser zugeben. Auf einer bemehlten Arbeitsfläche 10 Minuten glatt und elastisch kneten. In eine eingeölte Schüssel legen, mit Frischhaltefolie abdecken und an einem warmen Ort I–I ½ Stunden bis zur doppelten Größe aufgehen lassen.

2 Eine Brotform für I ½ Liter Inhalt einfetten. Ein großes Blech leicht bemehlen. Teig nochmals kneten und auf eine bemehlte Arbeitsfläche legen. Teig zu kleinen Kugeln in verschiedenen Größen, von 2,5 bis 5 cm Durchmesser, formen. In genügend Abstand auf das Backpapier legen, mit einem Küchentuch locker abdecken und 15 Minuten gehen lassen. Wasser in einem großen Topf zum Kochen bringen.

3 Teigkugeln portionsweise vorsichtig ins kochende Wasser gleiten und I Minute kochen lassen, nach 30 Sekunden wenden. Mit einem Schaumlöffel herausnehmen und auf ein Brett legen. Mit den restlichen Teigkugeln gleich verfahren.

4 Backofen auf 220 °C/Gas Stufe 5 vorheizen. Eiweiß in einer Schüssel zu Schnee schlagen und mit dem Pesto mischen. Eine Teigkugel in den Pesto-Eischnee tauchen und gut damit überziehen, dann in die Brotform legen. Wenn die Mischung stellenweise zu dick aufgetragen ist, mit einem Backpinsel verteilen. Mit den restlichen Teigkugeln gleich verfahren und vorsichtig in die Backform schichten, dabei auch die Ecken ausfüllen. Oberfläche mit dem restlichen Pesto-Eischnee bestreichen.

5 Laib 30 Minuten backen, dabei das Brot locker mit Alufolie abdecken, wenn es zu dunkel wird. In der Zwischenzeit die rote Paprikaschote entkernen und in 0,5 cm breite Streifen schneiden. Diese Streifen in große, wie Zähne geformte Stücke schneiden.

6 Brot aus dem Ofen nehmen und mit Paprikastückchen dekorieren. Am besten mit einem scharfen Messer kleine Löcher in die Oberfläche des Brotes bohren und die Paprikastückchen hineinstecken. Weitere 10 Minuten backen, dabei den Laib mit Alufolie locker abdecken, wenn er zu dunkel wird. In der Form abkühlen lassen und warm oder kalt in dicken Scheiben servieren.

SERVIERTIPP

Dieses Brot schmeckt einfach köstlich – als Snack, als Sandwich oder als Teil eines Festessens. In Alufolie gewickelt kann man es prima aufbacken.

In *Harry Potter und der Orden des Phönix* sieht man Neville bei der Ankunft der Schüler in Hogwarts, wie er eine pulsierende *Mimbulus mimbeltonia* in der Hand hält. In einer späteren Szene ist er mit der Pflanze im Gemeinschaftsraum von Gryffindor zu sehen.

SALAZAR SLYTHERINS SCHLANGE

1 GROSSES BROT | **1 ½ STUNDEN PLUS RUHE- UND GEHZEIT ÜBER NACHT** | **30 MIN.**

Eine der furchterregendsten Kreaturen der Harry-Potter-Filme ist der Basilisk, auch bekannt als die Schlange von Slytherin. Kurz bevor Salazar Slytherin Hogwarts verließ, brachte er sie in die Kammer des Schreckens. Das riesige Monster mit Fangzähnen kann dich mit nur einem Blick versteinern. Hier zeigen wir dir, wie du deine eigene Version backen kannst. Halte zur Sicherheit einen Gryffindor-Schwert-Keks (siehe Seiten 66–67) bereit.

V

FÜR DEN TEIG

655 g Weizenmehl (Type 812)

1 TL Trockenhefe

2 TL Salz

ABSCHLUSS

1 großes Ei, verquirlt, zum Glasieren

1 EL Mohn

zwei Mandelstifte

1 kleines Stück Salatgurkenschale

grüne Lebensmittelfarbe

Frischkäse (optional)

SPEZIALAUSSTATTUNG

eine Pappröhre (5 cm Durchmesser) von einer Küchen- oder Geschenkpapierrolle

feiner Pinsel

Messer (vorzugsweise mit Wellenschliff)

1 Für den Vorteig des Sauerteigs 250 g Mehl mit der Hefe in einer großen Schüssel verrühren. 250 ml lauwarmes Wasser zugeben und zu einem dicken, klebrigen Teig verarbeiten. Mit einem feuchten Tuch abdecken und bei Raumtemperatur 24 Stunden stehen lassen. Die Masse wird aufgehen und an der Oberfläche Blasen werfen.

2 Am nächsten Tag restliches Mehl, Salz und weitere 150 ml lauwarmes Wasser zugeben. Zu einem weichen, aber nicht klebrigen Teig verarbeiten. Sollte der Teig zu trocken und krümelig sein, etwas Wasser zugeben. Auf einer bemehlten Arbeitsfläche 10 Minuten glatt und geschmeidig kneten. In eine eingeölte Schüssel legen, mit Frischhaltefolie abdecken und an einem warmen Ort 2 Stunden bis zur doppelten Größe aufgehen lassen.

3 Zwei Bleche mit Backpapier auslegen. Von der Papphröhre ein 12,5 cm und ein 5 cm langes Stück abschneiden und beide in Alufolie wickeln. Teig nochmals kneten und wieder auf eine bemehlte Arbeitsfläche legen. Zwei Fünftel des Teiges beiseitestellen. Den restlichen Teig mit den Handflächen zu einer etwa 1 m langen Rolle formen und für den Schwanz an einem Ende eine Spitze bilden (siehe Tipp).

Weiter geht's auf der nächsten Seite.

VG Für die vegane Version das Brot mit Hafer- oder Reismilch statt mit verquirltem Ei glasieren.

TIPP

Wenn man Brotteig dünn ausrollt, wird er irgendwann so elastisch, dass er sich nicht weiter ausrollen lässt. Einfach ein paar Minuten liegen lassen, dann lässt er sich weiter ausrollen. Wenn nötig, kann man ihn ein oder zwei Mal ruhen lassen.

4 Das größere Stück der Alu-Pappröhre in die Mitte des Blechs stellen. Teig auf das Blech heben und in Schlangenform locker um die Röhre legen. Das Schwanzende nach außen zur Ecke des Blechs drehen. Sicherstellen, dass der Teig unterhalb der Röhre endet. Restlichen Teig halbieren.

5 Eine Hälfte zu einer 30 cm langen Teigrolle formen und um die Pappröhre legen, sodass sich die Enden dahinter wieder treffen. Die kleinere Alu-Pappröhre leicht zusammendrücken und auf das zweite Blech legen.

6 Restlichen Teig zu einer 20 cm langen Rolle formen und so auf dem Blech platzieren, dass ein Ende über der abgeflachten Alu-Pappröhre liegt und den gekrümmten Schlangenkopf formt. Mit eingeölter Frischhaltefolie locker abgedeckt an einem warmen Ort 45 Minuten gehen lassen. Backofen auf 220 °C/Gas Stufe 5 vorheizen.

7 Teig mit verquirltem Ei bestreichen und mit Mohn bestreuen. 20 Minuten backen. Den Kopfteil aus dem Ofen nehmen und die Alu-Pappröhre aus dem Körper entfernen. Den Körper für weitere 10 Minuten in den Ofen schieben. Danach abkühlen lassen.

8 Vor dem Zusammensetzen mit einem scharfen Messer mit Wellenschliff und mit Hilfe eines Erwachsenen für den Mund vorsichtig eine schmale Spalte aus dem Kopf schneiden. Die längere Alu-Pappröhre entfernen und den Kopfteil in das Loch stecken. Die Mandelstifte für die Fangzähne anspitzen. Mandelstifte (siehe Tipp) und die lange, gespaltene Zunge aus Gurkenschale anbringen. Augen mit grüner Lebensmittelfarbe aufmalen.

TIPP

Die Mandel-„Fangzähne“ sind etwas knifflig einzusetzen. Damit sie fest sitzen, mit der Spitze eines scharfen Messers zwei Schlitze in den oberen Teil des Mundes stechen und die Fangzähne hineindrücken. Eventuell mit etwas Frischkäse befestigen.

ÜBRIGENS …

Die Kammer des Schreckens war eines der größten Sets für die Harry-Potter-Filmreihe – sie maß unglaubliche 7,5 x 3,5 m. Ihr todbringender Bewohner, der Basilisk, wurde mit Computereffekten und dem kreativen Einsatz von Animatronik zum Leben erweckt.

ZAUBERHÜTE

10 STÜCK | 20 MIN. | 25 MIN.

In der Zauberwelt ist man ohne Hut nie vollständig bekleidet. Mit diesem Rezept kannst du dir ruck, zuck deinen eigenen Zauberhut backen. Das Gebäck ist nach Professor McGonagalls spitzem schwarzem Hexenhut gestaltet, ohne den man die Hexe so gut wie nie zu sehen bekommt. Wenn du deine Arbeit gut machst, bekommst du bestimmt 10 Punkte für Gryffindor.

V – Für die vegetarische Version einfach vegetarische Würstchen verwenden.

- 450 g Blätterteig
- 10 Bratwürstchen
- 1 großes Ei, verquirlt
- gemahlener Kreuzkümmel oder Koriander zum Bestreuen

1 Backofen auf 200 °C/Gas Stufe 4 vorheizen. Zwei Bleche mit Backpapier auslegen.

2 Blätterteig auf einer leicht bemehlten Arbeitsfläche zu einem 46 x 33 cm großen Rechteck ausrollen und der Breite nach halbieren. Aus jeder Hälfte spitze Dreiecke schneiden, sodass die Breite 10 cm und die Länge bis zur Spitze 23 cm beträgt. Das breite Ende jedes Dreiecks mit verquirltem Ei bestreichen.

3 Mit der Messerspitze Löcher in die Haut der Würstchen stechen und je eins am breiten Ende eines Dreiecks auflegen. Teig über die Wurst schlagen, sodass sie darin versteckt ist und nur die Enden herausschauen. Den Teig festdrücken, damit er gut hält.

4 Mit genügend Abstand auf ein Backblech legen. In jeden Hut zwei Falten drücken und die Spitzen ein wenig zur Seite biegen.

5 Blätterteig großzügig mit verquirltem Ei bestreichen und mit etwas Kreuzkümmel oder Koriander und ein wenig Salz bestreuen. 25 Minuten backen, bis der Teig aufgegangen und goldbraun ist. Warm oder kalt servieren.

ÜBRIGENS …

Neben ihrem spitzen schwarzen Hut hat Professor McGonagall auch eine karierte Filzmütze mit Ohrenklappen, die sie im Freien trägt, zum Beispiel während des Quidditch-Matchs im ersten Film.

TIPP

Zum Bestreuen kann man statt Kreuzkümmel und Koriander auch andere Gewürze verwenden: Paprikapulver, Chiliflocken, Currypulver, marokkanisches Gewürz oder Zatar.

HOGWARTS-WAPPEN-TARTE

FÜR 4 | 1 ½ STUNDEN PLUS KÜHLZEIT | 45 MIN.

Wenn du bei dieser köstlichen Hogwarts-Wappen-Tarte zuschlägst, musst du Farbe bekennen! Für welches Topping entscheidest du dich? Das rote von Gryffindor, das grüne von Slytherin, das blaue von Ravenclaw oder das gelbe von Hufflepuff? Wir ahnen, was der stets hungrige Ron genommen hätte: die ganze Tarte!

V

- 675 g Blätterteig
- 1 großes Eigelb
- schwarzer Gel-Lebensmittelfarbstift
- 2 EL Olivenöl zum Braten
- 1 große Zwiebel, fein gehackt
- 1 gelbe Paprikaschote, fein gehackt
- 1 kleine Zucchini, geraspelt
- 1 EL Basilikumpesto
- 120 ml dicke Tomatensauce
- 1 kleine Aubergine, klein gewürfelt
- 4 Scheiben Cheddar
- Salz und Pfeffer nach Geschmack

ÜBRIGENS …

Das Motto von Hogwarts auf dem Schulwappen bedeutet aus dem Lateinischen übersetzt: „Kitzle niemals einen schlafenden Drachen."

1 Zwei Bleche mit Backpapier auslegen. Schablonen für die Wappen-Tarte nach den Vorlagen auf den Seiten 118–119 auf ein Papier abpausen und ausschneiden. Blätterteig auf einer bemehlten Arbeitsfläche 3 mm dick ausrollen und nach der Schablone ausschneiden. Teigstücke vorsichtig auf die beiden Bleche legen, sodass sie nicht die Form verlieren. Mindestens 20 Minuten kalt stellen.

2 Mit der Spitze eines scharfen Messers etwa 5 mm vom Rand entfernt eine leichte Vertiefung in den Teig schneiden. Für das Kreuz, das das Wappen in vier Felder teilt, zwei senkrechte und zwei waagrechte Linien im Abstand von 5 mm einritzen. Dann den Rahmen und das Mittelkreuz sowie die übrigen Teile mit Eigelb bestreichen. In den oberen Teil (der wie eine Parfümflasche aussieht) gebogene Linien schneiden. Teig kalt stellen, während die Toppings vorbereitet werden.

3 Etwas Öl in einer Pfanne erhitzen, ein Drittel der Zwiebel und die gelbe Paprika darin 5 Minuten anbraten. Mit Salz und Pfeffer würzen und in eine Schüssel geben. Wieder Öl in die Pfanne geben und ein Drittel Zwiebel und die Zucchini 5 Minuten darin braten. Pesto unterrühren und alles in eine weitere Schüssel geben. Nochmals Öl erhitzen, die restliche Zwiebel und die Aubergine zugeben und etwa 10 Minuten braten, bis die Aubergine zu karamellisieren beginnt.

4 Tiervorlagen von Seite 117 abpausen und ausschneiden, dann auf die Käsescheiben legen und mit der Spitze eines scharfen Messers ausschneiden.

5 Backofen auf 220 °C/Gas Stufe 5 vorheizen. Teig 10–15 Minuten backen, bis er aufgegangen und goldbraun ist. Mit der Spitze eines scharfen Messers die obersten Schichten der Wappenfelder abheben; in die Vertiefungen kommen die Toppings. Mit dem Lebensmittelstift das Schulmotto „*Draco dormiens nunquam titillandus*" auf den Rahmen und ein „H" auf das Teigstück in der Mitte schreiben.

6 Toppings in die vier Wappenfelder füllen, dabei den Rahmen nicht bekleckern. 6–8 Minuten im Ofen durchwärmen, dann Käseformen und das Teigstück mit dem „H" auflegen und nochmals 1 Minute in den Ofen schieben, damit der Käse schmilzt.

7 Auf eine Platte legen und restliche Teigabschnitte wie abgebildet auflegen.

H
DRACO DORMIENS NUNQUAM TITILLANDUS

2000

NIMBUS-2000-KÄSESTANGEN

10 STÜCK | 30 MIN. | 15 MIN.

Als Harry von Professor McGonagall einen Nimbus 2000 bekommt, will plötzlich jeder in Hogwarts einen solchen Besen. Kein Wunder – handelt es sich doch um den damals neuesten und schnellsten Rennbesen auf dem Markt! Ähnlich wird es dir mit diesen mundgerechten Käsestangen ergehen. Doch diesmal können deine Freunde zugreifen – und sich den Nimbus 2000 schmecken lassen.

V

- 85 g Mehl
- 1 großzügige Prise Salz
- 1 TL Thymian, fein gehackt
- 55 g kalte Butter, gewürfelt
- 30 g Cheddar, gerieben
- 1 großes Eigelb
- ¼ TL mildes Chilipulver
- 2 Frühlingszwiebeln
- 2 Cheesestrings

1 Backofen auf 190 °C/Gas Stufe 4 vorheizen. Ein Blech mit Backpapier auslegen. Mehl, Salz und Thymian in einer Schüssel mit der Butter zwischen den Fingerspitzen krümelig verreiben. Cheddar untermengen. Die Hälfte des Eigelbs in eine kleine Schüssel, den Rest in die Schüssel mit den anderen Zutaten geben und zu einem festen Teig verarbeiten.

2 Teig auf einer leicht bemehlten Arbeitsfläche zum flachen Block formen und zu einem 17 x 12,5 cm großen Rechteck ausrollen. Die fransigen Ränder abtrennen und den Teig der Länge nach in 10 dünne Streifen schneiden.

3 Streifen auf das Blech legen, in der Mitte leicht biegen und ein Ende mit dem Finger abflachen. Chilipulver in das beiseitegestellte Eigelb rühren, Teig damit bestreichen und 15 Minuten goldbraun backen. Auf dem Blech abkühlen lassen.

4 10 Frühlingszwiebeln der Länge nach in sehr dünne Streifen schneiden. In eine hitzebeständige Schüssel geben, mit etwas kochendem Wasser übergießen und 1 Minute ziehen lassen. Danach abgießen.

5 Cheesestrings in 5 cm lange Stücke schneiden und diese dann der Länge nach halbieren. Einzelne Streifen aufziehen, aber am Ende nicht abtrennen. Die intakten Enden flach drücken und auf die abgeflachten Enden der Käsestangen legen. Frühlingszwiebelstreifen darum herumlegen und festbinden, dabei die Enden flattern lassen.

TIPP

Für die Krümmung in den Nimbus-2000-Käsestangen den Teig vorsichtig in der Mitte mit den Fingern zusammendrücken.

ÜBRIGENS ...

Harrys Nimbus 2000 wurde in *Harry Potter und der Gefangene von Askaban* nach einer Dementorenattacke, bei der Harry während des Flugs vom Besen fiel, von der Peitschenden Weide zerstört.

WASSERMENSCHEN-TARTE

FÜR 6 | 50 MIN. PLUS ABKÜHLZEIT | 1 STUNDE

Als Champion von Beauxbatons ist Fleur Delacour während der zweiten Aufgabe des Trimagischen Turniers am Großen See zu sehen. Dort stellen sich die Champions den Wassermenschen und anderen Wasserwesen, während sie versuchen, die Aufgabe zu lösen. Um die köstliche Tarte zuzubereiten, musst du zwar keine mächtige Hexe sein, doch solltest du mit einer Stunde für die Zubereitung rechnen.

FÜR DEN TEIG

280 g Mehl

1 großzügige Prise Salz

165 g kalte Butter, gewürfelt

2 große Eigelbe

FÜR DIE FÜLLUNG

25 g Butter

1 Zwiebel, gehackt

8 Streifen Speck, gewürfelt

2 Knoblauchzehen, zerdrückt

175 g Mais

3 große Eier

150 g Sahne

150 ml Milch

75 g Stilton oder anderer Blauschimmelkäse, gerieben

1 große Zucchini

Salz und Pfeffer nach Geschmack

SPEZIALAUSSTATTUNG

Tarteform (23 cm) mit Hebeboden

Blindbackkugeln

V

Die köstliche Tarte schmeckt auch gut, wenn du für die vegetarische Version den Speck einfach weglässt. Für noch mehr Geschmack kannst du eine Handvoll gehackten Koriander, Dill oder Schnittlauch dazugeben.

1 Für den Teig in einer Schüssel Mehl und Salz mit der Butter zwischen den Fingerspitzen krümelig verreiben. Eigelbe und 2 EL kaltes Wasser zugeben und erst in der Küchenmaschine mit dem Knethaken, dann mit den Händen weiter zu einem festen Teig verkneten. Abdecken und 30 Minuten kalt stellen.

2 Backofen auf 200 °C/Gas Stufe 4 vorheizen. Ein Viertel des Teiges beiseitestellen. Restlichen Teig auf einer leicht bemehlten Arbeitsfläche ausrollen und eine Form (23 cm Durchmesser) damit auslegen. Überstehenden Teig abschneiden und zum beiseitegestellten Teig geben. Form kalt stellen, während man die Teigdekoration herstellt.

3 Vorlage für den Wassermenschen auf Seite 115 abpausen und ausschneiden. Restlichen Teig ausrollen, Schablone darauflegen und Teig ausschneiden. Auf ein separates, mit Backpapier ausgelegtes Blech legen. Mit einem scharfen Messer die Nase formen. Lippen aus den Teigresten ausschneiden und auf das Gesicht legen, aus dem Rest mit einem scharfen Messer viele, möglichst dünne Streifen schneiden und neben dem Gesicht auf das Blech legen, dabei einige Streifen biegen, sie bilden später die Haare des Wassermenschen.

4 Teig in der Tarteform mit Backpapier abdecken und mit Blindbackkugeln füllen. Gemeinsam mit den Verzierungen 20 Minuten backen. Verzierungen aus dem Ofen nehmen, Kugeln und Papier aus der Tarteform entfernen und Teig weitere 5 Minuten backen. Hitze auf 180 °C/Gas Stufe 3 reduzieren.

5 Für die Füllung Butter in einer Pfanne erhitzen und Zwiebel und Speck 5 Minuten leicht bräunen. Knoblauch zugeben und 2 Minuten mitbraten. In die Tarteform geben und mit Mais bestreuen. Eier in einer Schüssel mit Sahne, Milch und etwas Salz und Pfeffer verquirlen. Über die Füllung gießen und mit Käse bestreuen. 20 Minuten backen.

6 Mit einem kleinen scharfen Messer die Schale der Zucchini in dünnen Streifen abschneiden. Aus der Schale etwa 2,5–5 cm lange Blätter schneiden. Als Seegras am Rand der Tarte entlang legen. Den Kopf des Wassermenschen in die Mitte und darum herum die Haare legen. Weitere 10–15 Minuten in den Ofen schieben, bis sich die Füllung leicht gesetzt hat. Währenddessen zwei Augen mit Pupillen aus der Zucchini schneiden und auf der Tarte positionieren, sobald diese durchgebacken ist. Warm oder kalt servieren.

SCHON GEWUSST?

Tartes haben ihren Ursprung in mittelalterlichen Pasteten. Man findet sie in der frühen italienischen, französischen und deutschen Küche.

ÜBRIGENS …

Wassermenschen, die man in Harry Potter und der Feuerkelch (und auf dieser Tarte) sieht, bevölkern den Grund des Großen Sees. Das Spezialeffekteteam erweckte sie mit einer Mischung aus Computeranimation und Modellen zum Leben.

HERZHAFTE EULEN-MUFFINS

8 STÜCK | **30 MIN. PLUS ABKÜHLZEIT** | **30 MIN.**

Eulen sind nicht nur bezaubernde tierische Gefährten, sondern tragen in der Zauberwelt auch die Post aus – vom Aufnahmebrief für Hogwarts über Feuerblitz-Rennbesen bis zu den gefürchteten Heulern (siehe Seiten 44–45). Mache acht gefiederte Freunde aus dem köstlichen herzhaften Teig und beobachte, wie sie fliegen – geradewegs in deinen Mund!

V VG GF

FÜR DEN TEIG

200 g Süßkartoffeln, geputzt und gewürfelt
125 g glutenfreies Mehl
3 EL Maisstärke
2 TL Backpulver
1 TL Natron
½ TL Salz
3 EL Schnittlauchröllchen
150 ml Hafermilch
3 EL Pflanzenöl, plus Pflanzenöl zum Bestreichen

FÜR DIE DEKORATION

55 g veganer Aufstrich
1 EL Tomatenmark
Mandelblättchen
16 Radieschenscheiben
4 kernlose rote Trauben, halbiert
¼ rote Paprikaschote
8 Zucchinischeiben

SPEZIALAUSSTATTUNG

Muffinblech

1. Für die Muffins den Backofen auf 180 °C/Gas Stufe 3 vorheizen. Acht Vertiefungen in einem Muffinblech mit Pflanzenöl einfetten.
2. Süßkartoffeln in kochendem Wasser 10 Minuten weich kochen. Abgießen und abkühlen lassen, dann stampfen.
3. Mehl, Maisstärke, Backpulver, Natron, Salz und Schnittlauch in einer Schüssel vermengen. Milch und Pflanzenöl gut in den Süßkartoffelstampf einarbeiten. In die Schüssel mit den trockenen Zutaten geben und verrühren. Die Konsistenz sollte weich, aber löffelbar sein.
4. Mischung in die eingefetteten Vertiefungen geben und glatt streichen. 20 Minuten backen, bis die Muffins aufgegangen sind, dann aus den Formen lösen und auf einem Kuchengitter abkühlen lassen.
5. Veganen Aufstrich mit Tomatenmark verrühren und die Muffins damit bestreichen.
6. Mandelblättchen überlappend als Federn auflegen. Radieschenscheiben und Traubenhälften für die Augen auflegen. Aus der roten Paprika rautenförmige Stückchen für die Schnäbel schneiden und auflegen. Zucchinischeiben halbieren und als Augenbrauen auflegen. Bis zum Servieren kalt stellen.

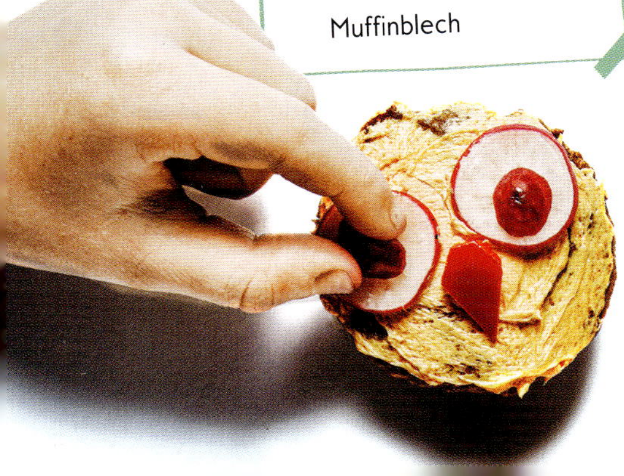

Wenn du die Augenbrauen nur ein wenig drehst, bekommen deine Eulen plötzlich ganz andere Gesichtsausdrücke – mal ernst, mal genervt, mal neugierig.

TIPP

Die kleinen Eulengesichter am besten an dem Tag servieren, an dem sie verziert werden. Die Muffins kannst du allerdings einen Tag im Voraus backen oder einfrieren und über Nacht auftauen, bevor du die Dekoration anbringst.

KÜRBISPASTETEN

8 STÜCK | **1 STUNDE PLUS KÜHLZEIT** | **40 MIN.**

Die Kürbispasteten sehen so realistisch aus, dass man glauben möchte, auf dem Kürbisfeld vor Hagrids Hütte zu stehen. Auf einem Bett aus gesundem Grünzeug sind sie der perfekte Snack für Halloween – oder für jede andere Zeit im Jahr.

1 Für den Teig Mehl und Salz mit der gewürfelten Butter in eine Küchenmaschine geben und rühren, bis die Mischung krümelig ist. 4 EL kaltes Wasser zugeben und zu einem Teig verarbeiten. Sollte der Teig zu trocken oder krümelig sein, noch etwas Wasser zugeben. Auf eine bemehlte Arbeitsfläche geben und zu einem Block formen. In Frischhaltefolie einwickeln und kalt stellen, während die Füllung vorbereitet wird.

2 Eine Pfanne erhitzen und den Speck einige Minuten braten, bis er beginnt, knusprig zu werden. Zwiebel zugeben und weitere 3–4 Minuten weich braten. In eine Schüssel geben und Rosmarin oder Thymian, Tomatenmark, Kürbispüree, Feta und etwas Salz und Pfeffer unterrühren.

3 Selleriestange in 4 cm große Stücke schneiden. Jedes Stück der Länge nach in dünne Stäbchen schneiden und in Eiswasser legen.

4 Backofen auf 200 °C/Gas Stufe 4 vorheizen. Ein großes Blech mit Backpapier auslegen. Die beiden Vorlagen auf Seite 116 auf Papier abpausen und ausschneiden. Teig halbieren und eine Hälfte 3 mm dick ausrollen. Die größere Schablone auf den Teig legen und mit einem scharfen Messer 8 Kürbisse ausschneiden. Restlichen Teig ausrollen und mit der kleineren Schablone 8 weitere Kürbisse ausschneiden.

5 Bei der Hälfte der Kürbisse die Ränder mit Wasser bestreichen und die Mitte mit der Füllung belegen, dabei 1 cm am Rand freilassen. Restliche Kürbisformen darauflegen und mit den Fingern an den Rändern fest andrücken. Kürbisse anheben, die Ränder noch einmal fest zusammendrücken und auf das Backblech legen.

6 Ein oder zwei Tropfen rote Lebensmittelfarbe in das Eigelb mischen und die Pasteten damit bestreichen. Mit der Spitze eines scharfen Messers vorsichtig gebogene Linien in die Oberfläche ritzen.

7 Die kleinen Pasteten 25 Minuten, die großen 35 Minuten backen. Ein Stück Sellerie oben in jeden Kürbis stecken. Warm oder kalt auf einem Bett aus Brunnenkresse oder Erbsensprossen servieren.

FÜR DEN TEIG

315 g Mehl
1 TL Salz
220 g kalte Butter

FÜR DIE FÜLLUNG

4 Scheiben Speck, gewürfelt
1 Zwiebel, gehackt
2 TL Rosmarin oder Thymian, fein gehackt
2 EL Tomatenmark
350 g Kürbispüree
100 g Feta, zerkrümelt

ABSCHLUSS

½ Selleriestange
einige Tropfen rote Lebensmittelfarbe
1 großes Eigelb
Brunnenkresse oder Erbsensprossen zum Servieren
Salz und Pfeffer nach Geschmack

V — Für die vegetarische Version Speck weglassen und eine Handvoll gehackte Champignons in etwas Öl braten, bevor du die Zwiebel zugibst.

NICOLAS-FLAMEL-TASCHEN

8 STÜCK | 45 MIN. PLUS KÜHLZEIT | 25 MIN.

Genau wie bei Nicolas Flamels Stein der Weisen steckt auch in diesen köstlichen Teigtaschen mehr, als man mit bloßem Auge sieht. Das lecker gefüllte Gebäck macht zwar nicht unsterblich, aber es schmeckt unendlich gut! Außerdem musst du weder Zauberschach spielen noch der Teufelsschlinge trotzen, um es genießen zu können.

V GF

FÜR DEN TEIG

250 g glutenfreies Mehl
1 großzügige Prise Salz
165 g kalte Butter, gewürfelt
1 großes Ei

FÜR DIE FÜLLUNG

1 EL Olivenöl
2 kleine Zwiebeln, fein gehackt
2 Knoblauchzehen, zerdrückt
2 TL Kreuzkümmel
3 EL frischer Koriander, fein gehackt
160 g gekochte Kichererbsen
1 EL klarer Honig
2 EL Tomatenmark
150 g Rote Bete, geraspelt
1 Ei, verquirlt, zum Bestreichen
Salz und Pfeffer nach Geschmack

1 In einer Schüssel Mehl und Salz mit der Butter zwischen den Fingerspitzen krümelig verreiben. Ei und 1 EL kaltes Wasser zugeben und zu einem festen Teig verarbeiten. Einen flachen Block formen, mit Frischhaltefolie abdecken und 30 Minuten kalt stellen.

2 Für die Füllung Öl in einer Pfanne erhitzen und Zwiebeln 3 Minuten glasig braten. Knoblauch, Kreuzkümmel und Koriander zugeben. Nach 1 Minute alles in eine Küchenmaschine geben, Kichererbsen, Honig und Tomatenmark zugeben und kurz pürieren, bis die Kichererbsen zerkleinert sind. Rote Bete zugeben und kurz pürieren, bis der Saft die anderen Zutaten rot eingefärbt hat. Mit Salz und Pfeffer abschmecken.

3 Backofen auf 190 °C/Gas Stufe 4 vorheizen. Ein Blech mit Backpapier auslegen. Teig auf einer leicht bemehlten Arbeitsfläche zu einem 46 x 23 cm großen Rechteck ausrollen. Ränder abschneiden und acht 11,5 cm große Quadrate ausschneiden. Die Ränder der Quadrate mit verquirltem Ei bestreichen und die Füllung jeweils in der gleichen Menge in die Mitte setzen.

4 Die vier Ecken eines Quadrates nehmen und über der Füllung zusammendrücken. Die Ränder des Teiges dort, wo sie aufeinandertreffen, ebenfalls fest zusammendrücken. Auf ein Blech legen und mit den restlichen Quadraten gleich verfahren. Mit verquirltem Ei bestreichen und 20 Minuten goldbraun backen. Warm oder kalt servieren.

Der Einzige, der den Stein der Weisen herstellen konnte, war der Alchemist Nicolas Flamel, ein alter Freund von Albus Dumbledore.

ÜBRIGENS ...

Der Stein der Weisen kann nicht nur Metall in Gold verwandeln, sondern wird auch zur Erzeugung des Lebenselixiers verwendet, das jeden unsterblich macht, der es trinkt.

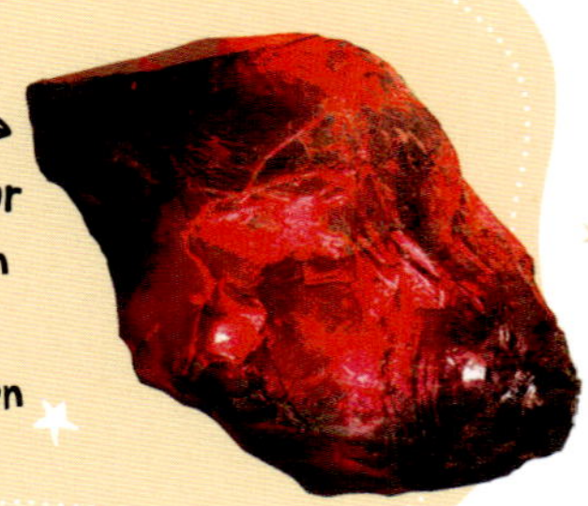

HEILIGTÜMER-DES-TODES-BROT

1 GROSSES BROT | 45 MIN. | 45 MIN.

Der Elderstab, der alle magischen Duelle gewinnt, der Stein der Auferstehung, der Tote zum Leben erweckt, und ein Tarnumhang bilden die drei Heiligtümer des Todes. Ihnen ist dieses Brot gewidmet, das du in weniger als zwei Stunden zaubern kannst. Es macht dich zwar nicht zum Gebieter des Todes, doch zumindest zum Gebieter der Küche. Außerdem ist es herzhaft und köstlich.

V

FÜR DEN TEIG

2 EL Olivenöl
1 große Zwiebel, fein gehackt
2 TL Fenchelsamen
250 g Weizenvollkornmehl
250 g Mehl (Type 550)
2 TL Backpulver
1 TL Natron
1 ½ TL Salz
55 g kalte Butter, gewürfelt
300 g griechischer Joghurt
120 ml Milch

ABSCHLUSS

2 EL Olivenöl
2 grüne Paprikaschoten, klein gewürfelt
5 EL schwarze Tapenade

1 Backofen auf 220 °C/Gas Stufe 5 vorheizen. Eine 32 x 22 cm große, flache Backform einfetten. Öl in einer Pfanne erhitzen und Zwiebel 10 Minuten leicht goldbraun anbraten, dabei öfter umrühren. Fenchelsamen zugeben und 2 Minuten mitbraten.

2 Währenddessen die beiden Mehlsorten, Backpulver, Natron und Salz in einer Schüssel mit der Butter mit den Fingerspitzen verreiben. Zwiebel, Joghurt und Milch zugeben und zu einem Teig verarbeiten. Auf einer bemehlten Arbeitsfläche ausrollen, etwas kleiner als die Form. Teig in die Form heben und fest andrücken, sodass er auch an die Seiten und in die Ecken gelangt. 20–25 Minuten backen, bis er fest und leicht goldbraun ist. 10 Minuten in der Form stehen lassen, dann vorsichtig auf ein Brett heben.

3 Zum Abschluss Öl in einer Pfanne erhitzen und die Paprikaschoten etwa 10 Minuten braten, bis sie weich sind und anfangen, Farbe zu bekommen. Ränder des Fladenbrots abschneiden und dieses diagonal halbieren. Eine Hälfte umdrehen und so gegen die andere positionieren, dass ein Dreieck entsteht.

4 Einen Teller oder eine Schüssel mit einem Durchmesser von etwa 20 cm in die Mitte des Dreiecks setzen und mit der Spitze eines scharfen Messers den Teig rundherum einritzen. Teller oder Schüssel abheben. Kreis mit 1 EL Tapenade bestreichen und mit Paprikastückchen bestreuen.

5 Restliche Tapenade in einen Spritzbeutel füllen. Die Ecke so abschneiden, dass die Mischung relativ dick herausfließen kann. Eine Linie von der Brotspitze nach unten, dann entlang der Ränder und um den Paprikakreis ziehen.

SPEZIALAUSSTATTUNG

flache Backform (32 x 22 cm)
Spritzbeutel aus Papier oder Plastik

ÜBRIGENS …

Das Märchen der drei Brüder und wie sie in den Besitz der drei Heiligtümer des Todes gekommen sind, erzählt Hermine in *Harry Potter und die Heiligtümer des Todes – Teil 1*. Sie liest die Geschichte aus dem Kinderbuch *Die Märchen von Beedle dem Barden* vor – Rons Lieblingsbuch als kleiner Junge.

TIPP

Wenn du keine Tapenade magst, nimm Mayonnaise, Tomatenmark oder Frischkäse. Du kannst auch Paprika in einer anderen Farbe als Topping verwenden.

Teufelsschlingen-Brezel

1 LAIB | 1 STUNDE PLUS GEHZEIT | 40 MIN.

Im ersten Harry-Potter-Film fängt die gefährliche Teufelsschlinge Harry, Ron und Hermine mit ihren Tentakeln. Doch mit vereinten Kräften entkommen die Freunde dem erstickenden Griff. Diesen genialen Snack kannst du ebenfalls gemeinsam mit deinen Freunden herstellen – und anschließend könnt ihr dem Biest die knusprigen Fangarme abknabbern.

V | VG

FÜR DEN TEIG

200 g Süßkartoffeln, geputzt und gewürfelt
1 EL Rosmarin, gehackt
345 g Weizenmehl (Type 812)
220 g Weizenvollkornmehl
2 TL Trockenhefe
2 EL brauner Zucker
1 Knoblauchzehe, zerdrückt
1 TL Salz
3 EL Olivenöl
3 EL vegane scharfe Barbecuesauce
250 ml warme pflanzliche Milch

ABSCHLUSS

½ große Süßkartoffel
1 TL Meersalz, plus Meersalz zum Bestreuen
2 TL brauner Zucker
Senf zum Servieren

SPEZIALAUSSTATTUNG

kleine Keksausstecher in Handform

1 Süßkartoffeln in kochendem Wasser 10 Minuten weich kochen. Gut abgießen, zerstampfen und in einer großen Schüssel mit Rosmarin, den beiden Mehlsorten, Hefe, Zucker, Knoblauch, Salz, Öl, Barbecuesauce und Milch (bis auf 2 EL) zu einem Teig verarbeiten; falls er zu trocken und krümelig ist, etwas mehr Milch zugeben. Auf einer bemehlten Arbeitsfläche 10 Minuten glatt und geschmeidig kneten. In eine leicht eingefettete Schüssel geben, mit Frischhaltefolie abdecken und 1 ½ Stunden an einem warmen Ort zu doppelter Größe aufgehen lassen.

2 Ein großes Blech mit Backpapier auslegen. Teig nochmals kneten, auf eine bemehlte Arbeitsfläche legen und in 10 Stücke teilen. Zwei Teigstücke mit den Handflächen zu je 75 cm langen Strängen ausrollen, zu einem Seil drehen und in lockeren Wellen auf das Blech legen. Zwei weitere Seile auf dieselbe Weise herstellen und ebenfalls in lockeren Wellen auf das Blech legen, sodass einige Lücken zwischen den Teigsträngen bleiben.

3 Restliche vier Teigstücke wie beschrieben ausrollen und kreuz und quer über die übrigen Teigstränge legen; dabei die Enden wie Schlangen lose liegen lassen. Mit eingefetteter Frischhaltefolie locker abdecken und an einem warmen Ort 15 Minuten gehen lassen. Vier dünne Scheiben von der Süßkartoffel schneiden und mit einem Keksausstecher oder einer selbst gebastelten Form Hände ausstechen. Backofen auf 200 °C/Gas Stufe 4 vorheizen.

4 Teig 15 Minuten backen. Salz und Zucker in einer Schüssel mit 2 TL kochendem Wasser verrühren und die Brezel damit bestreichen. Süßkartoffelhände in die Brezel drücken und weitere 10–15 Minuten goldbraun backen. Auf ein Kuchengitter setzen und abkühlen lassen.

ÜBRIGENS …

„Ein Glück, dass du in Kräuterkunde aufgepasst hast", meint Harry, als Hermine den Zauberspruch *Lumos Solem* verwendet. Damit erzeugt sie starkes Licht – und das hasst die Teufelsschlinge!

SCHON GEWUSST?

Brezeln gibt es schon mindestens seit dem 12. Jahrhundert. Die frühesten Erwähnungen von Brezeln stammen aus Süddeutschland und dem Elsass.

SCHON GEWUSST?

Focaccia ist ein Fladenbrot, das es bereits im alten Rom gab.

Quidditch-Feld-Focaccia

FÜR 12 | 1–1 ½ STUNDEN PLUS GEHZEIT | 30 MIN.

In der Zauberwelt gibt es nur einen Sport, der wirklich jeden mitreißt, und der wird natürlich auf Besenstielen ausgetragen: Quidditch. Quidditch ist schnell und wild und macht vor allem großen Spaß (außer man wird von einem Klatscher erwischt). Mit diesem Rezept kannst du deine eigene Quidditch-Feld-Focaccia machen – inklusive sechs Torringen, drei Klatschern, einem Quaffel und dem allerwichtigsten, dem Goldenen Schnatz.

V

1 Für den Teig Mehl, Hefe, Salz und 3 EL Öl in einer Schüssel vermengen. 300 ml warmes Wasser zugeben und in der Küchenmaschine mit dem Knethaken vermengen. Sollte der Teig zu trocken und krümelig sein, etwas Wasser zugeben. Teig auf einer bemehlten Arbeitsfläche 10 Minuten kneten, bis er glatt und geschmeidig ist. In eine leicht eingeölte Schüssel legen, mit Frischhaltefolie abdecken und an einem warmen Ort etwa 1 Stunde gehen lassen, bis der Teig die doppelte Größe erreicht hat.

2 Backofen auf 190 °C/Gas Stufe 4 vorheizen. Zwei Bleche mit Backpapier auslegen. Teig nochmals kneten. Mit leicht bemehlten Händen ein etwa apfelgroßes Stück Teig herausnehmen und auf einer bemehlten Arbeitsfläche 0,5 cm dick ausrollen. Auf eines der Bleche legen. 6 Kreise mit dem großen Keksausstecher (6 cm) ausstechen.

3 Die Mitte der Kreise mit dem kleinen Ausstecher (4 cm) ausstechen, sodass Ringe entstehen. Die Spitzen der Spieße in die Ringe stecken, sodass sie wie Lollis aussehen. 10 Minuten backen, bis sie fest sind. Auf dem Blech abkühlen lassen.

4 Restlichen Teig auf einer bemehlten Arbeitsfläche zu einem 38 x 28 cm großen Oval ausrollen. Auf das zweite Backblech legen, ohne dass der Teig die Form verliert. Locker mit eingefetteter Frischhaltefolie abdecken und an einem warmen Ort 30 Minuten gehen lassen.

Weiter geht's auf der nächsten Seite.

FÜR DEN TEIG

500 g Weizenmehl (Type 812)
1 ½ TL Trockenhefe
1 ½ TL Salz
6 EL Olivenöl
2 Knoblauchzehen, zerdrückt
2 TL Rosmarin oder Oregano, fein gehackt

ABSCHLUSS

340 g Frischkäse
40 g krause Petersilie, fein gehackt
flüssige goldene Lebensmittelfarbe
2 schwarze Oliven
1 Kirschtomate
1 kleines Stück Cheddar (siehe Schnatz-Tipp, Seite 42)
Salz und Pfeffer nach Geschmack

SPEZIALAUSSTATTUNG

runde Keksausstecher mit 6 cm und 4 cm Durchmesser
zwei 18 cm und vier 15 cm lange Bambusspieße
kleiner Spritzbeutel aus Papier oder Plastik

VG Für die vegane Version Käse durch veganen Frischkäse und veganen Cheddar ersetzen.

5 Restliches Olivenöl mit Knoblauch und Rosmarin oder Oregano und ein wenig Salz und Pfeffer verrühren. Mit bemehlten Fingern kleine Löcher in die Oberfläche des Teiges bohren und diese dann mit dem Gewürzöl bestreichen. 20 Minuten goldbraun backen und abkühlen lassen.

6 Focaccia auf ein Servierbrett legen. Oberfläche gleichmäßig mit zwei Dritteln des Frischkäses fast bis zu den Rändern bestreichen. Restlichen Frischkäse in einen Spritzbeutel geben und die Spitze abschneiden. Rund um das Brot eine Linie und an den Enden des Brotes je eine gebogene Linie aufspritzen. Die Mitte des Brotes mit Petersilie bestreuen und gleichmäßig andrücken. Noch eine Frischkäselinie über die Mitte des Brotes ziehen und schließlich ein Oval darüberspritzen.

7 Die Brotringe mit goldener Lebensmittelfarbe bemalen und je drei Spieße an den Enden des Brotes einstecken, die beiden höheren in die Mitte. Die „Klatscher“ aus schwarzen Oliven, den Kirschtomaten-„Quaffel“ und den Goldenen Schnatz auf dem Spielfeld verteilen.

SCHNATZ-TIPP!

Mache deinen eigenen Goldenen Schnatz, indem du ein kleines Stück Cheddar reibst und zu einer Kugel formst, die du in goldener Lebensmittelfarbe wälzt. Zwei Flügel aus dickem weißen Papier nach der Vorlage auf Seite 116 ausschneiden. Die Flügel mit den Fingern leicht krümmen. Vorsichtig mit der Spitze eines Messers zwei kleine Löcher in die Käsekugel bohren und die Flügel einstecken.

Hier darfst du ausnahmsweise mal mit dem Essen spielen …

ÜBRIGENS …

Wie bei vielen Sportarten geht es auch beim Quidditch darum, mehr Punkte als der Gegner zu erzielen. Wenn du ein Tor machst, bekommst du 10 Punkte. Der Goldene Schnatz ist satte 150 Punkte wert. Den kann allerdings nur ein Sucher wie Harry fangen – und wenn ihm das gelingt, ist das Spiel zu Ende.

HALLOUMI-HEULER

8 STÜCK | 1 STUNDE | 30 MIN.

Es gibt etwas, was man in der Zauberwelt nicht unbedingt bekommen will – einen Heuler. Das ist ein magischer Brief, den Eulen in einem Umschlag bringen und der mit der Stimme des Verfassers laut vorgelesen wird – wirklich sehr laut. Unsere Version mit Spinatfüllung wird vom Empfänger warm willkommen geheißen. Und du wirst wahrscheinlich eine Antwort erhalten, und zwar die Bitte um einen Nachschlag.

V

FÜR DIE FÜLLUNG

2 EL Olivenöl
1 rote Zwiebel, fein gehackt
1 Selleriestange, gehackt
2 Knoblauchzehen, zerdrückt
150 g frischer Spinat, gehackt
200 g Halloumi, gerieben
2 EL frische Minze, gehackt
2 EL frischer Dill, gehackt
4 EL Semmelbrösel

FÜR DEN TEIG

8 Blätter Filoteig
3 EL Olivenöl
½ kleine Aubergine
1 Spritzer schwarze Lebensmittelfarbe
1 kleines Eigelb
Salz und Pfeffer nach Geschmack

SPEZIALAUSSTATTUNG

feiner Pinsel

1 Für die Füllung Öl in einer Pfanne erhitzen und Zwiebel und Sellerie darin 3 Minuten anbraten. Knoblauch zugeben und 1 Minute mitgaren. Spinat zugeben und 1–2 Minuten zusammenfallen lassen. Alles in eine Schüssel geben, Käse, Minze, Dill und Semmelbrösel unterrühren und etwas würzen.

2 Backofen auf 180 °C/Gas Stufe 3 vorheizen. Ein Blech mit Backpapier auslegen. Eine Papierschablone nach den Vorlagen für Heuler und Lippen auf Seite 116 anfertigen. Ein Blatt Filoteig auf die Arbeitsfläche legen, leicht mit Öl bestreichen und ein zweites Teigblatt darüberlegen. Drei 25 x 15 cm große Rechtecke ausschneiden und mit der Schmalseite zu dir auflegen.

3 Füllung in 8 Portionen teilen, 3 davon auf den oberen Teil von 3 Rechtecken setzen und verstreichen, dabei 2 cm vom Rand frei lassen.

4 Die Seitenränder über die Füllung schlagen und vorsichtig zusammendrücken, sodass die Breite des Gebäckstückes nun 11,5 cm beträgt. Den oberen Rand ebenfalls über die Füllung schlagen. Nun das restliche Teigblatt so darüber falten, dass ein ordentliches Rechteck entsteht. Mit den beiden anderen Rechtecken gleich verfahren.

5 Mit den Teigrändern nach unten auf ein Blech legen. Noch fünf weitere Pakete machen und alle mit Öl bestreichen.

Die Füllung unbedingt gut durchrühren, damit jeder Heuler gleich köstlich schmeckt!

6 Restliche Teigblätter vierlagig aufeinanderlegen und entlang der Schablone für den Heuler ausschneiden. Auf die Teigtaschen legen, sodass das gerade Ende unter den oberen Rand der Teigtasche gesteckt werden kann. Mit Öl bestreichen und 10 Minuten backen.

7 In der Zwischenzeit von der Auberginenschale acht Stücke abschneiden, die groß genug sind, dass man entlang der Schablone Lippen ausschneiden kann; mit einem scharfen Messer geht das am besten. Etwas schwarze Lebensmittelfarbe mit dem Eigelb verrühren.

8 Auberginenlippen auf die Teigtaschen setzen und mit der schwarzen Eigelbmischung und einem feinen Pinsel die Augen aufmalen. 15 Minuten in den Ofen schieben und goldbraun backen. Warm oder kalt servieren.

SCHON GEWUSST?
Halloumi ist ein Käse, der von der Insel Zypern stammt.

ÜBRIGENS …

Für die Szene in *Harry Potter und die Kammer des Schreckens*, in der Ron einen Heuler von seiner Mutter bekommt, musste Julie Walters (die Molly Weasley spielte) so laut schreien, dass sie fast die Stimme verlor.

PEITSCHENDE-WEIDE-KÄSEGEBÄCK

FÜR 6 | 20 MIN. | 45 MIN.

In Hogwarts steht am Eingang zu dem Geheimgang, der zur Heulenden Hütte führt, die Peitschende Weide. Sie ist schön, aber gewalttätig, und will nicht gestört werden – wie Harry, Ron und Hermine mehr als einmal feststellen müssen. Unserer knusprigen Weide muss man dagegen nicht aus dem Weg gehen – im Gegenteil! Mit ihren krossen Ästen und Blättern aus Petersilie ist sie eine unwiderstehliche Köstlichkeit.

V

- 350 g Blätterteig
- 1 großes Ei, verquirlt, zum Bestreichen
- 40 g Parmesan, fein gerieben, plus Parmesan zum Bestreuen
- ein Bund glatte Petersilie

1 Backofen auf 200 °C/Gas Stufe 4 vorheizen. Ein großes Backblech mit Backpapier auslegen. Teig auf einer leicht bemehlten Arbeitsfläche zu einem 30 cm großen Quadrat ausrollen. Teig halbieren, eine Hälfte mit verquirltem Ei bestreichen und gleichmäßig mit der Hälfte des Käses bestreuen. Dann die zweite Teighälfte auf den Käse legen.

2 Paket zu einem 43 x 23 cm großen Rechteck ausrollen und der Länge nach in 8 Streifen schneiden. 4 Streifen mit verquirltem Ei bestreichen und mit dem restlichen Käse bestreuen. Die übrigen Streifen darauflegen und leicht mit dem Nudelholz andrücken. Je 2 Streifen aufeinanderlegen, verdrehen und auf das Blech legen.

3 Für den Stamm die zwei verdrehten Stränge am unteren Ende verschlingen und in der Mitte locker übereinanderlegen, sodass dazwischen ein Loch entsteht. Die oberen Enden einschneiden, auseinanderzupfen und als Äste in verschiedene Richtungen legen.

4 Mit verquirltem Ei bestreichen und 20 Minuten backen. Noch einmal mit verquirltem Ei bestreichen und mit Parmesan bestreuen.

5 20–25 Minuten knusprig goldbraun backen, dabei die Äste mit Alufolie abdecken, sollten sie zu dunkel werden. Auf ein Servierbrett legen und die Petersilie als Blätter über die Zweige streuen. Auch rechts und links des Baumstamms Petersilienblätter verteilen.

ÜBRIGENS …

In Harry Potter und die Kammer des Schreckens krachen Harry und Ron unbeabsichtigt mit Arthur Weasleys fliegendem Ford Anglia in die Peitschende Weide. Für den Dreh wurden die Schauspieler Daniel Radcliffe und Rupert Grint in einem richtigen Auto vor und zurück geschleudert, während mechanische Zweige darauf „peitschten". Natürlich gab es auch ein extra Stuntteam – also nicht zu Hause ausprobieren!

TIPP

Am besten schmeckt das Käsegebäck frisch aus dem Ofen und warm. Du kannst den Baum auch im Voraus zubereiten und bis zum Backen auf dem Blech kalt stellen.

TIPP

Versuche nicht, die Blaubeerenstücke auf den Eiern zu verschieben, wenn du sie einmal aufgelegt hast – sie könnten blaue Schlieren hinterlassen. Du kannst die Antiobskuranten wachsamer aussehen lassen, indem du die Position der Blaubeeren variierst. Übe erst mal an einem einzelnen Antiobskuranten, um zu sehen, wo die Blaubeeren liegen sollen.

SCHON GEWUSST?

Scones sind kleine Gebäckstücke, die aus Schottland stammen. Der Begriff „scone" tauchte erstmals 1513 auf!

ANTIOBSKURANTEN-SCONES

12 STÜCK | 40 MIN. | 20 MIN.

Antiobskuranten sind die Lieblingswerkzeuge von Alastor „Mad-Eye" Moody und anderen Auroren. Die magischen Gegenstände können gute Hexen und Zauberer von bösen unterscheiden – meistens jedenfalls. Wir können zwar nicht versprechen, dass diese Scones euch dabei helfen, dunkle Zauberer in eurer Mitte zu entlarven, aber wir garantieren euch, dass die Scones zauberhaft gut schmecken.

V

1 Für die Scones den Backofen auf 200 °C/Gas Stufe 4 vorheizen. Ein Backblech mit Backpapier auslegen. Kartoffel in einem kleinen Topf mit kochendem Wasser 8–10 Minuten weich kochen. Abgießen, wieder in den Topf geben und zerstampfen.

2 Mehl, Backpulver, Thymian und etwas Salz und Pfeffer in einer Schüssel mit der Butter zwischen den Fingerspitzen verreiben. Kartoffelstampf und Milch zugeben und zu einem weichen Teig verkneten. Sollte dieser zu trocken und krümelig sein, noch etwas Milch zugeben.

3 Teig auf einer leicht bemehlten Arbeitsfläche 1 cm dick ausrollen. Mit dem Keksausstecher Kreise ausstechen. Teigkreise auf ein Backblech legen und 10 Minuten backen, bis die Scones aufgegangen und leicht gebräunt sind. Auf einem Kuchengitter abkühlen lassen.

4 Für die „Augäpfel" die Längsseiten der Eier abschneiden. Mayonnaise in einer Schüssel mit etwas schwarzer Lebensmittelfarbe dunkel färben. An der Unterseite der Scones je einen kleinen Klecks anbringen und die Augäpfel aus Eiweiß darauflegen. Restliche Mayonnaise in den Spritzbeutel geben und eine Ecke abschneiden, sodass die Mayonnaise in einer dicken Linie austreten kann.

5 Blaubeeren in sehr dünne Scheiben schneiden. Je eine größere Scheibe als Iris auf die Augäpfel legen; die Endstücke als Pupillen in die Mitte setzen. Darüber und darunter mit dem Spritzbeutel Mayonnaise als Augenlider spritzen.

FÜR DEN TEIG

1 mittelgroße Kartoffel, geschält und gewürfelt

155 g Mehl

1 TL Backpulver

2 TL Thymian, fein gehackt

25 g Butter, gewürfelt

60 ml Milch

FÜR DIE DEKORATION

6 Eier, hart gekocht und geschält

120 g Mayonnaise

schwarze Gel-Lebensmittelfarbe

1 Handvoll große Blaubeeren

Salz und Pfeffer nach Geschmack

SPEZIALAUSSTATTUNG

runder Keksausstecher (4 cm)

kleiner Spritzbeutel aus Papier oder Plastik

ÜBRIGENS …

Antiobskuranten können nicht nur dunkle Zauberer entlarven, sie wissen auch, wenn jemand lügt oder etwas verheimlicht.

Zeitumkehrer-Cracker

10 STÜCK | 1 STUNDE | 10 MIN.

Diese Cracker in Form von Hermines Zeitumkehrer aus *Harry Potter und der Gefangene von Askaban* sind leicht zu machen und köstlich obendrein. Sieh nur zu, dass du wieder dahin zurückkommst, von wo du gestartet bist (d. h. in einer sauberen, aufgeräumten Küche), bevor der letzte Schlag vom Glockenturm in Hogwarts (oder von der Küchenuhr) ertönt.

V

FÜR DEN TEIG

190 g Mehl

85 g Butter, gewürfelt

40 g Parmesan, fein gerieben

1 großes Eigelb

ABSCHLUSS

2 EL Ziegenfrischkäse

20 große grüne Trauben

1 EL Honig

1 Packung Kartoffelsnack-Ringe

essbare goldene Sterne oder Zuckerstreusel

goldene Lebensmittelfarbe

SPEZIALAUSSTATTUNG

runde Keksausstecher (8 cm, 7 cm und 5,5 cm Durchmesser)

kleiner Sternausstecher

kleiner Spritzbeutel aus Papier oder Plastik

feine Spritztülle zum Schreiben

1 Backofen auf 190 °C/Gas Stufe 4 vorheizen. Ein großes Blech mit Backpapier auslegen. Mehl in einer Schüssel mit der Butter zwischen den Fingerspitzen verreiben. Käse einrühren. Eigelb und genügend Wasser (etwa 1 EL) zugeben und zu einem festen Teig verarbeiten. Auf eine bemehlte Arbeitsfläche stürzen und zu einem glatten Teig kneten.

2 Teig 0,5 cm dick ausrollen und 8 Kreise mit dem 8 cm großen Ausstecher ausstechen. Mit etwas Abstand auf das Blech legen. Teigreste sammeln, wieder ausrollen und noch zwei weitere Kreise ausstechen. Aus jedem der Kreise erst mit dem 7 cm, dann mit dem 5,5 cm großen Ausstecher die Mitte ausstechen. Vorsichtig den äußeren Ring halbieren und den Halbkreis etwas auseinanderziehen, ohne ihn zu zerstören. (Keine Sorge, wenn ein paar Halbkreise kaputt gehen – du brauchst nur 10!)

3 Mit dem Sternausstecher aus den 5,5 cm großen Kreisen Sterne ausstechen. Cracker 10 Minuten backen, bis sie leicht goldbraun sind. Auf dem Backblech abkühlen lassen.

4 Ziegenfrischkäse in einen Spritzbeutel mit Tülle füllen. Trauben halbieren. Je zwei Hälften mit dem Käse auf jedem Cracker befestigen. Um die Trauben essbare goldene Sterne oder Zuckerstreusel verteilen. Jede Traube mit etwas Honig bestreichen und kleine Kleckse Ziegenfrischkäse an den Rand setzen. Die großen Halbkreise zum Bogen aufstellen und vorsichtig mit dem Käse an den Crackern befestigen.

5 Den äußeren Rand und die Oberkante jedes Crackers mit etwas goldener Lebensmittelfarbe bemalen. Die Kartoffelsnack-Ringe in u-formige Stücke brechen. Diese wie abgebildet ineinanderlegen, sodass sie wie Ketten aussehen.

SCHON GEWUSST?

Mithilfe eines Zeitumkehrers reist Hermine in der Zeit zurück. So kann sie gleichzeitig an zwei Orten sein und zusätzliche Fächer belegen.

TIPP

Entscheide erst, worauf du die Zeitumkehrer servieren willst, bevor du die Ketten legst. Es ist nämlich viel leichter, die Cracker zu arrangieren, wenn die Ketten einmal in Position sind.

GLEIS-NEUNDREIVIERTEL-POLENTAKUCHEN

FÜR 6–8 | 30 MIN. | 40 MIN.

Der 1. September ist ein wichtiger Tag in der Zauberwelt – da kehren die Schüler nach Hogwarts zurück! Um zur Schule zu kommen, nehmen die jungen Hexen und Zauberer den Hogwarts-Express, der auf Gleis neundreiviertel hinter der Zauberwand im Londoner Bahnhof King's Cross abfährt. Unsere zauberhafte Polenta ist zwar undurchdringlich – dafür darf sie aber aufgegessen werden, ganz und gar!

V | GF

FÜR DEN TEIG

200 g Polenta
190 g glutenfreies Mehl
2 TL glutenfreies Backpulver
1 TL Salz
½ TL getrocknete Chiliflocken
4 Frühlingszwiebeln, fein gehackt
4 EL frischer Koriander, fein gehackt
60 g Cheddar, gerieben
160 g Mais
3 große Eier, verquirlt
120 ml Buttermilch
150 ml Olivenöl

ABSCHLUSS

2 Scheiben Käse, z. B. Gouda oder Cheddar
65 g glutenfreies Mehl
2 TL Olivenöl
schwarze Lebensmittelfarbe

SPEZIALAUSSTATTUNG

flache Backform (24 x 19 cm)
2 kleine Spritzbeutel aus Papier oder Plastik

1 Backofen auf 180 °C/Gas Stufe 3 vorheizen. Eine 24 x 19 cm große Backform einfetten und mit Backpapier auslegen. Polenta, Mehl, Backpulver, Salz, Chiliflocken, Frühlingszwiebeln, Koriander, Käse und Mais in einer Schüssel vermengen. Eier mit Buttermilch und Olivenöl verquirlen und ebenfalls in die Schüssel geben. Vorsichtig umrühren. In die Form gießen und Oberfläche glatt streichen.

2 35–40 Minuten hellbraun backen, bis der Teig fest ist. 10 Minuten abkühlen lassen, dann vorsichtig auf ein Blech heben.

3 Für die Dekoration ein 14 x 5 cm großes Rechteck aus den Käsescheiben schneiden und auf den Kuchen legen. Mehl in einer kleinen Schüssel mit Öl und 3 ½ EL Wasser zu einer dickflüssigen Paste verrühren. Sollte sie zu fest sein, noch einen Spritzer Wasser hineinrühren. Einen großzügigen Esslöffel der Paste mit ein wenig schwarzer Lebensmittelfarbe in einer weiteren Schüssel verrühren. In einen Spritzbeutel füllen, eine kleine Ecke abschneiden, sodass die Paste in einer feinen Linie austreten kann, und „9 ¾ Hogwarts Express" auf den Käse spritzen.

4 Restliche Paste in einen zweiten Spritzbeutel füllen, wieder eine kleine Ecke abschneiden und am Rand des Rechtecks entlang eine Linie spritzen. Zuletzt ein Ziegelsteinmuster auf die Oberfläche spritzen. 3 Minuten zurück in den Ofen schieben. Warm oder kalt servieren.

ÜBRIGENS …

Die meisten Szenen von Gleis neundreiviertel wurden tatsächlich im Londoner Bahnhof King's Cross gedreht, allerdings am Bahnsteig zwischen den Gleisen 4 und 5!

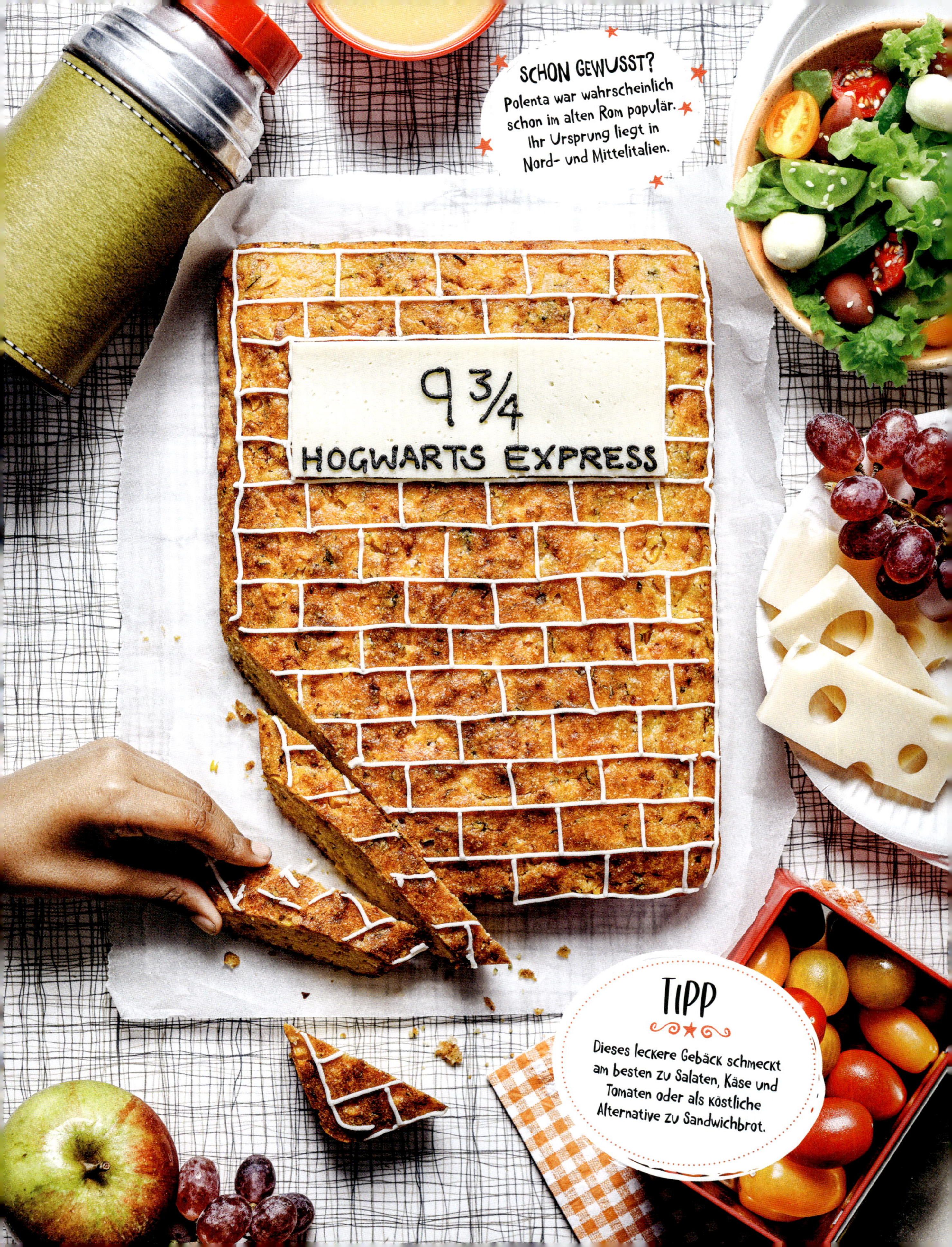

SCHON GEWUSST?
Polenta war wahrscheinlich schon im alten Rom populär. Ihr Ursprung liegt in Nord- und Mittelitalien.

TIPP

Dieses leckere Gebäck schmeckt am besten zu Salaten, Käse und Tomaten oder als köstliche Alternative zu Sandwichbrot.

Das Rezept für die Große-Halle-Hähnchenpastete findest du auf Seite 56.

Auf Seite 98 steht das Rezept für die zitronige Hogwarts-Siruptorte.

Das Rezept für Yorkshire Pudding gibt es auf Seite 58.

GROSSE-HALLE-HÄHNCHENPASTETE

FÜR 5-6 | 40 MIN. PLUS ABKÜHLZEIT | 1 ½ STUNDEN

Die von Hauselfen zubereiteten Speisen in Hogwarts sind immer spektakulär, ob es beim Festessen zu Beginn des Schuljahrs oder an einem gewöhnlichen Dienstag ist. Was bei den Schülern – und Lehrern! – immer besonders gut ankommt, ist diese köstliche Hähnchenpastete. Und hier ist das Rezept …

FÜR DIE FÜLLUNG

10 Hähnchenkeulen, ohne Haut und Knochen
55 g Butter
1 EL Pflanzenöl
2 Zwiebeln, gehackt
3 Lorbeerblätter
2 Selleriestangen, dünn geschnitten
4 EL Mehl
600 ml Hühnerfond
1 kleine Handvoll frischer Estragon
200 g Champignons, in Scheiben
60 g Sahne

ABSCHLUSS

800 g Mürbeteig
1 verquirltes Ei zum Bestreichen
Salz und Pfeffer nach Geschmack

SPEZIALAUSSTATTUNG

Tarteform (24 cm Durchmesser) aus Metall

Ron bekommt einen Schock, als er in eine Hähnchenkeule beißen will und der Fast Kopflose Nick durch den Tisch auftaucht!

1 Für die Füllung Hähnchen in mundgerechte Stücke schneiden und mit etwas Salz und Pfeffer würzen. Die Hälfte der Butter mit dem Öl in einer Pfanne erhitzen und das Hähnchen in zwei Portionen leicht braun anbraten. Zwiebeln, Lorbeerblätter und Sellerie zugeben und 3 Minuten mitbraten.

2 Mehl zugeben und 2 Minuten rühren. Fond nach und nach zugießen. Hähnchen zusammen mit Estragon wieder in die Pfanne geben und 30 Minuten sanft köcheln lassen. Nach Geschmack würzen.

3 Restliche Butter in einer Pfanne erhitzen und Champignons darin 5 Minuten braten. Mit der Sahne zum Hähnchen geben und abkühlen lassen.

4 Backofen auf 200 °C/Gas Stufe 4 vorheizen. Auf einer leicht bemehlten Arbeitsfläche Mürbeteig ausrollen. Die Tarteform damit auslegen und einen etwa 3 cm hohen Rand formen. Füllung in die Tarteform geben, in der Mitte leicht erhöht. Sollte zu viel Flüssigkeit vorhanden sein, diese abgießen und separat servieren.

5 Restlichen Teig dünn ausrollen. Teigränder mit Wasser befeuchten. Teig in 2 cm breite Streifen schneiden, die als Gittermuster über die Pastete gelegt werden.

6 Überhänge abschneiden und den Teig an den Kanten zusammenpressen. Mit verquirltem Ei bestreichen und etwa 40 Minuten goldbraun backen.

ÜBRIGENS …

Die Große Halle von Hogwarts wurde von zwei berühmten Bauten inspiriert: der Halle von Christ Church, einem der bekanntesten Colleges in Oxford aus dem 16. Jahrhundert, und Westminster Hall im Londoner Westminsterpalast, dem Sitz des britischen Parlaments.

SCHON GEWUSST?

In London, wo Harry sich häufiger aufhält, verkaufen Pastetenläden oft Pasteten und Aal in Aspik. Ja, echt!

YORKSHIRE PUDDING

12 STÜCK | 15 MIN. | 25 MIN.

Yorkshire Pudding ist eine weitere Lieblingsspeise der Schüler von Hogwarts – besonders von Harry Potter. Der Schlüssel zu diesem Rezept ist viel Hitze in den Muffinformen, damit der Teig aufgeht. Yorkshire Pudding schmeckt am besten bei Tausenden schwebenden Kerzen und mit Unmengen an Bratensauce!

FÜR DIE FLEISCHBÄLLCHEN

225 g mageres Rinderhackfleisch
1 große Schalotte, fein gehackt
½ TL Rosmarin, fein gehackt
Salz und Pfeffer nach Geschmack
2 EL Pflanzenöl

FÜR DEN TEIG

125 g Mehl
½ TL Salz
2 große Eier, verquirlt
250 ml Milch

SPEZIALAUSSTATTUNG

12er-Muffinblech, antihaftbeschichtet

V Für die vegetarische Version veganes Hack verwenden.

1 Backofen auf 230 °C/Gas Stufe 5 vorheizen. Hackfleisch, Schalotte, Rosmarin, Salz und Pfeffer gründlich vermengen und zu 12 gleich großen Bällchen formen.

2 ½ TL Pflanzenöl in jede Vertiefung des Muffinblechs gießen.

3 Blech im Ofen 5 Minuten vorwärmen. In jede Vertiefung ein Fleischbällchen legen und 5 Minuten in den Ofen schieben.

4 In der Zwischenzeit den Teig zubereiten. Mehl und Salz in eine Schüssel geben, eine Grube in der Mitte machen und die Eier und die Hälfte der Milch hineingeben. Alles gut vermengen, indem man das Mehl nach und nach von der Schüsselwand einarbeitet, bis ein dicker, glatter Teig entsteht. Die restliche Milch einarbeiten und die Teigmasse in einen Messbecher füllen.

5 Form aus dem Ofen holen. Schnell arbeiten, damit das Öl heiß bleibt! Neben die Fleischbällchen den Teig auf halbe Höhe der Mulden füllen. 12–15 Minuten backen, bis er aufgegangen und goldbraun ist. Warm servieren.

ÜBRIGENS ...

Das Designteam ließ die jungen Schauspieler ihre Namen und andere Zeichen in die Tische der Großen Halle ritzen, damit es realistisch wirkte.

TIPP

Die deftigen Leckereien sind ein großartiges Mittagessen oder ein Snack zum Tee. Wer's lieber süß mag, lässt die Fleischbällchen einfach weg und beträufelt den heißen Teig mit Ahornsirup, Schokosauce, Honig oder Fruchtpüree.

SCHON GEWUSST?

Heute ist Pudding meist ein süßes Dessert. In Großbritannien wird der Begriff auch für salzige und fleischhaltige Gerichte verwendet, und das seit Jahrhunderten!

NUSSIGE DRACHEN-NESTER

8 STÜCK | 30 MIN. PLUS KÜHL- UND ABKÜHLZEIT | 25 MIN.

Weasleys geröstete Drachennüsse, erhältlich in einem Verkaufsautomaten in der Winkelgasse (wie man in *Harry Potter und der Halbblutprinz* sieht), sind ein beliebter Snack in der Zauberwelt. Kein Wunder – die Nüsse werden von einem echten (wenn auch winzigen) Drachen „im offenen Feuer" geröstet. Geröstete Nüsse sind auch in dieser Leckerei enthalten, die aus einem Blätterteignest als Basis besteht.

V

1 EL Eiweiß

140 g gemischte Nüsse (z. B. Hasel-, Wal-, Pekan- und Paranüsse), Mandeln und Cashewkerne

je ½ TL mildes Chilipulver, gemahlener Kreuzkümmel, gemahlener Koriander und Kurkumapulver

½ TL Salz

450 g Blätterteig

1 verquirltes Ei zum Bestreichen

60 g griechischer Joghurt

60 g Mayonnaise

SPEZIALAUSSTATTUNG

runde Keksausstecher mit 11,5 cm, 6 cm und 4 cm Durchmesser

1 Backofen auf 220 °C/Gas Stufe 5 vorheizen. Ein Backblech mit Backpapier auslegen. Nüsse in einer Schüssel mit dem Eiweiß verrühren, sodass sie dünn damit überzogen sind. Gewürze und Salz darüberstreuen, nochmals vermengen, auf einem Blech verteilen und 10 Minuten backen. Abkühlen lassen.

2 Teig auf einer leicht bemehlten Arbeitsfläche 0,2 cm dick ausrollen. Kreise mit 11,5 cm Durchmesser ausstechen. Mit dem 6-cm-Ausstecher sachte einen Abdruck in deren Mitte machen, aber den Teig nicht durchstechen. Mit dem 4-cm-Ausstecher Halbkreise von den Rändern der Kreise abstechen. Auf ein Blech setzen und 20 Minuten kalt stellen.

3 Teigränder mit verquirltem Ei bestreichen und 15 Minuten backen, bis die Gebäckstücke aufgegangen und goldbraun sind. Vorsichtig den Mittelteil abheben, sodass kleine Vertiefungen entstehen, ähnlich wie die Drachen-Nester aus der ersten Aufgabe in *Harry Potter und der Feuerkelch*. Abkühlen lassen.

4 Joghurt und Mayonnaise verrühren und ein wenig davon in jedes Nest geben. Mit den Nüssen bestreuen und bis zum Servieren an einem kühlen Ort stehen lassen.

GF

Für eine glutenfreie Variante kann man das Rezept auch nur mit Nüssen zubereiten. Einfach den Teig weglassen und die mit Gewürzen überzogenen Nüsse auf einem mit Backpapier ausgelegten Blech verteilen. 10 Minuten backen und vor dem Servieren abkühlen lassen.

TIPP

Bei diesem Rezept bleiben etliche Teigreste übrig. Um sie nicht zu verschwenden, schneidet man einfach Halbkreise aus und mischt sie in einer Schüssel mit den Resten des verquirlten Eis, 2 EL feinem Zucker und 1 gestrichenen TL gemahlenem Zimt. In kleinen Häufchen auf ein Backblech legen, goldbraun backen und genießen.

EXPELLIARMUS
ALOHOMORA
WINGARDIUM LEVIOSA
THE MONSTER BOOK OF MONSTERS

SÜSSES

„Ihr Lieben, etwas Süßes?“
„Wir hätten gern alles.“

Imbisswagen-Hexe
und Harry Potter

Lass dich im zweiten Teil des Backbuchs von fantastischen Kuchen, köstlichen Torten und leckerem Gebäck verzaubern!

LUNAS GESPENSTERBRILLEN-KEKSE

12 STÜCK | 1 STUNDE PLUS KÜHLZEIT | 10 MIN.

Luna Lovegood hat in *Harry Potter und der Halbblutprinz* die bunten Gespensterbrillen entwickelt, mit denen man Schlickschlupfe sehen kann: unsichtbare Wesen, die durch die Ohren eindringen und das Hirn durcheinanderbringen. Aber keine Sorge! Das Einzige, was diese köstlichen Kekse durcheinanderbringen, sind die Geschmacksknospen – mit kribbeliger Freude. Genieße sie zum Tee mit deiner Lieblingszeitschrift (wir empfehlen den *Klitterer*).

V

FÜR DEN TEIG

290 g Mehl

200 g kalte Butter

100 g Puderzucker

2 große Eigelbe

2 TL Vanilleextrakt

12 rosa und 12 blaue harte Bonbons

FÜR DIE GLASUR

Eiweiß von 1 mittelgroßen Ei

190 g Puderzucker

rosa Lebensmittelfarbe

essbarer rosa Glitter zum Bestreuen

1 Mehl in einer Küchenmaschine mit der gewürfelten Butter zerkleinern, bis die Mischung krümelig ist. Zucker zugeben und nochmals kurz mixen. Mit Eigelben und Vanille zu einem glatten Teig verarbeiten. In Frischhaltefolie wickeln, etwa 1 Stunde kalt stellen und fest werden lassen.

2 Backofen auf 190 °C/Gas Stufe 4 vorheizen. Zwei Backbleche mit Backpapier auslegen. Die Vorlage für Lunas Gespensterbrille auf Seite 117 auf Papier abpausen und ausschneiden. Die Hälfte des Teiges auf einer leicht bemehlten Arbeitsfläche 3 mm dick ausrollen und auf ein Backblech gleiten lassen, den restlichen Teil kalt stellen.

3 Schablone auf den Teig legen und mit einem kleinen Küchenmesser die Umrisse ausschneiden; dabei nicht vergessen, die Kreise in der Mitte auszustechen. So viele Formen wie möglich aus dem Teig schneiden. Vorsichtig die Teigreste abheben und kalt stellen. Aus den Resten und dem gekühlten Teig weitere Formen stechen, bis man 12 Brillen hat.

4 Kekse 5 Minuten backen. Bonbons auswickeln und je eines von jeder Farbe in die Öffnungen der Brillen setzen. Wieder für 5 Minuten in den Ofen schieben, bis die Bonbons geschmolzen sind und die Öffnungen ausfüllen. Wenn nicht alle Stellen ausgefüllt sind, mit einem Zahnstocher die heiße Bonbonmasse dorthin ziehen. Komplett abkühlen lassen.

5 Mit einem Schneebesen Eiweiß und Puderzucker in einer Schüssel aufschlagen und etwas rosa Lebensmittelfarbe zugeben. Die Mischung sollte den Rücken eines Löffels dick bedecken. Sollte sie zu dick sein, etwas Wasser einarbeiten. Mit einem feinen Pinsel die Glasur auf die Brillen streichen. Ein paar Stunden oder über Nacht ruhen lassen. Mit essbarem Glitter bestreuen und servieren.

„Du bist genauso wenig verrückt wie ich."

LUNA LOVEGOOD

HARRY POTTER UND DER ORDEN DES PHÖNIX

TIPP

Mit einem runden Ausstecher mit 4 cm Durchmesser kannst du ganz schnell die „Brillengläser" ausstechen.

Gryffindor-Schwert-Kekse

12 STÜCK | 1 ½ STUNDEN PLUS TROCKENZEIT | 20 MIN.

Mit diesen eindrucksvollen Nachbildungen von Godric Gryffindors magischem Schwert wirst du selbst zum Helden – nicht nur beim Nachmittagskaffee. Harry besiegte mit dem Schwert von Gryffindor den Basilisken, und Ron zerstörte damit Slytherins Medaillon. Das antike Schwert ist einer der mächtigsten Gegenstände der Zauberwelt; es taucht immer auf, wenn man es am nötigsten braucht (hoffentlich auch, wenn der Hunger zuschlägt).

V

FÜR DEN TEIG

110 g Butter, sehr weich
65 g Puderzucker
1 TL Mandelextrakt
125 g Mehl
3 EL geriebene Mandeln

FÜR DIE DEKORATION

Eiweiß von 1 großen Ei
155 g Puderzucker
etwas schwarze Lebensmittelfarbe
12 kandierte Kirschen, davon 6 halbiert und 6 geviertelt
1 grauer oder schwarzer Glasurstift

SPEZIALAUSSTATTUNG

runde Spritztülle (1 cm)
großer Spritzbeutel

1 Backofen auf 160 °C/Gas Stufe 2 vorheizen. Vorlage für das Schwert auf Seite 115 abpausen und ausschneiden. Zwei Bleche mit Backpapier auslegen. Schablone für später unter das Backpapier schieben.

2 Butter und Zucker hell und cremig aufschlagen. Mandelextrakt, Mehl und Mandeln einarbeiten. Mischung in einen großen Spritzbeutel mit runder Tülle (1 cm Durchmesser) füllen.

3 Auf die Schablone unter dem Backpapier spritzen, dabei mit dem Griff beginnen, dann in einer durchgehenden Linie die Klinge ausführen. Am Ende die Masse zu einer Spitze zusammendrücken. Schablone unter dem Backpapier verschieben und ein weiteres Schwert aufspritzen. Vorgang wiederholen, bis es 12 Schwerter sind.

4 20 Minuten leicht goldbraun backen. 5 Minuten auf dem Backblech lassen, dann vorsichtig zum weiteren Abkühlen auf ein Kuchengitter geben.

5 Für die Glasur Eiweiß und Puderzucker dickcremig aufschlagen. Mit ein wenig schwarzer Lebensmittelfarbe die Glasur hellgrau einfärben. Ein Blatt Backpapier unter das Kuchengitter schieben, um die Tropfen aufzufangen. Mit einem Backpinsel Kekse mit einer dünnen Schicht Glasur überziehen.

6 Solange die Glasur noch weich ist, mit den kandierten Kirschhälften und Kirschvierteln den Griff verzieren. Etwa 1 Stunde trocknen lassen.

7 Zum Verzieren mit dem Glasurstift dekorative Linien auf den Griffen und eine gerade Linie in der Mitte der Klinge zeichnen.

ÜBRIGENS …

Für das Design des Schwerts von Gryffindor ließ sich das Harry-Potter-Team von echten mittelalterlichen Schwertern inspirieren. Die großen Rubine auf dem Schwertgriff sind ein Hinweis auf das Haus Gryffindor.

TIPP

Die Glasur sollte die Schwerter dünn und glatt überziehen. Wenn sie beim Streichen zu dick ist, einfach ein paar Tropfen Wasser zugeben und es noch einmal versuchen.

SCHON GEWUSST?

Mit Honig gesüßte Kuchen gab es bereits im alten Ägypten. Über Griechenland und das Römische Reich kamen sie nach Norden. Der Begriff „Lebkuchen“ findet sich erstmals im 14. Jahrhundert in Nürnberg.

HOGWARTS-LEBKUCHENSCHLOSS

FÜR 28 | 4 STUNDEN PLUS KÜHLZEIT | ETWA 30 MIN.

Vor über 1000 Jahren wurde die Hogwarts-Schule für Hexerei und Zauberei von den vier angesehensten Hexen und Zauberern der Zeit gegründet. Seitdem ist sie die beste Zauberschule der Welt. Nun kannst du dein eigenes Hogwarts bauen. Es hat vielleicht keine 142 Treppen und keinen fast kopflosen Geist, aber eine Große Halle. Und es schmeckt genauso gut, wie es aussieht.

V

1 Lebkuchenteig in drei separaten Teilen zubereiten. Für den ersten Teil Mehl, Salz und Gewürze in eine Küchenmaschine geben, die Butter in Würfeln zugeben und krümelig mixen. Zucker kurz einarbeiten. Honig, Ei und Eigelb zugeben und zu einem glatten, festen Teig verarbeiten.

2 Auf eine leicht bemehlte Arbeitsfläche stürzen, zu einem 2,5 cm dicken Block formen und in Frischhaltefolie wickeln. Zwei weitere Teile Teig in der gleichen Weise zubereiten. Ein paar Stunden oder über Nacht kalt stellen.

3 Die Vorlagen für das Lebkuchenschloss auf den Seiten 120–121 abpausen und ausschneiden, dabei auf jede Schablone den Namen des Gebäudes und die benötigte Stückzahl schreiben. Eine Pappröhre auf 20 cm, eine auf 6 cm und die restlichen vier auf 13 cm Länge zuschneiden. Jede Röhre der Länge nach halbieren. Jede Röhrenhälfte mit Alufolie umwickeln und an den Enden die Folie sorgfältig nach innen in die Röhre falten.

4 Backofen auf 180 °C/Gas Stufe 3 vorheizen. Zwei Bleche mit Backpapier auslegen. Einen Teil Lebkuchenteig auf einer bemehlten Arbeitsfläche 3 mm dick ausrollen. Alle Schablonen bis auf die Türme auflegen und mit einem kleinen scharfen Messer ausschneiden. Mit etwas Abstand zueinander auf ein Backblech legen. Darauf achten, dass die Stücke dabei ihre Form behalten.

5 Für die Rundtürme mehr Teig ausrollen und Rechtecke ausschneiden (etwas kürzer als die mit Alufolie umwickelten Röhren und 7,5 cm breit). Mit einem Teelöffelstiel eine Reihe Fenster in die Turmstücke drücken. Rechtecke auf die mit Alufolie überzogenen Röhren und diese mit etwas Abstand auf ein Blech legen. Weitere Fenster nach den Schablonen in die restlichen Lebkuchenstücke drücken. Die Fenster der Großen Halle mit einem Messer ausschneiden.

Weiter geht's auf der nächsten Seite.

FÜR DEN TEIG (x 3)

- 345 g Mehl
- 1 großzügige Prise Salz
- 2 TL gemahlener Ingwer
- 2 TL gemahlener Zimt
- 125 g kalte Butter
- 220 g brauner Zucker
- 4 EL Honig
- 1 großes Ei
- 1 großes Eigelb

FÜR DIE DEKORATION

- 675 g grauer Fondant
- Puderzucker und Kakaopulver, zum Bestäuben
- 225 g Vollmilchschokolade, gehackt
- 200 g brauner Fondant
- 6 Eistüten
- schwarzes Lebensmittelfarbenspray, optional
- 200 g grüner Fondant, am besten in zwei Schattierungen

Für dieses Rezept brauchst du ein paar zusätzliche Dinge.

SPEZIALAUSSTATTUNG

- runde Kuchenplatte (35,5 cm Durchmesser)
- 6–12 batteriebetriebene Teelichter
- 6 Pappröhren (5 cm Durchmesser) von Küchen- oder Geschenkpapierrollen
- kleiner Spritzbeutel aus Papier oder Plastik

TIPP Der Lebkuchenteig muss vor dem Ausrollen sehr kalt sein. Das macht das Ausstechen leichter, und die Stücke bleiben besser in Form. Wird der Teig beim Arbeiten zu weich, einfach wieder kalt stellen.

TIPP

Die geschmolzene Schokolade wird im Spritzbeutel mit der Zeit fest. Wenn nötig, einfach für 5 Sekunden in die Mikrowelle geben, um sie wieder weich werden zu lassen.

6 Alle Lebkuchenteile auf zwei Blechen gleichzeitig 15–18 Minuten goldbraun backen. 5 Minuten auf den Blechen auskühlen lassen, dann vorsichtig die Alufolienröhren von den gebogenen Lebkuchenformen lösen.

7 Kuchenplatte mit etwas Wasser bestreichen. 225 g des grauen Fondants auf einer mit Puderzucker bestreuten Arbeitsfläche sehr dünn ausrollen. Auf der Kuchenplatte ausbreiten, sodass diese vollkommen bedeckt ist. Überstehenden Fondant abschneiden.

8 Schokolade schmelzen lassen und in einen kleinen Spritzbeutel aus Papier füllen. (Restliche Schokolade für später aufbewahren.) Eine Ecke des Spritzbeutels abschneiden, sodass die Schokolade in einer dünnen Linie aufgetragen werden kann. Einige Minuten auskühlen lassen.

9 Vorsichtig die Eingangswand der Großen Halle und eine der Seitenwände mit Schokolade aus dem Spritzbeutel verbinden. (Eventuell müssen die Teile mit Dosen gestützt werden, bis die Schokolade fest ist.) Die zweite Seitenwand und danach die Rückwand ebenfalls befestigen. Schokolade auf die Oberseiten der Wände spritzen und die Teile für das Dach befestigen. Auf diese Weise auch den Unterbau des Hauptturms und die Wände der Schule für Hexerei und Zauberei verbinden.

10 Mit mehr Schokolade aus dem Spritzbeutel je zwei der gebogenen Teile zu Türmen verbinden. Die Große Halle an ein Ende der Kuchenplatte und den höchsten Turm daneben setzen. Den Torbogen zwischen den höchsten Turm und den Unterbau des Hauptturms setzen. Die vier mittleren Türme an die Ecken des Unterbaus setzen und den kleinsten Turm auf die Deckplatte des Unterbaus. Das Gebäude der Schule für Hexerei und Zauberei auf dem hinteren Teil der Kuchenplatte aufstellen. Danach alle Gebäude außer der Großen Halle und der Schule für Hexerei und Zauberei mit geschmolzener Schokolade an der Fondantbasis befestigen.

ÜBRIGENS …

Schloss Hogwarts ist inspiriert von den zwei berühmtesten Universitäten Großbritanniens: Oxford und Cambridge.

WINTERZAUBER

Wer möchte, kann aus Teig- und Fondantresten eine Schlossbrücke, Türmchen und weitere Bäume hinzufügen. Wenn man die Dächer und Bäume mit Puderzucker bestreut, sieht es aus, als hätte es geschneit.

11 Braunen Fondant ausrollen und Streifen von 8 x 0,5 cm ausschneiden. An den Enden Spitzen formen und wie abgebildet mit geschmolzener Schokolade an der äußeren Seitenwand der Großen Halle befestigen. Mehr braunen Fondant für die Dachtürmchen der Großen Halle, den Fußweg vor dem Schloss und die Verzierungen über dem Torbogen ausrollen und ausschneiden. Aus den Resten den Eingang der Großen Halle formen und alle Teile mit geschmolzener Schokolade befestigen.

12 Etwas grauen Fondant ausrollen, leicht mit Wasser bestreichen, um eine Eistüte wickeln und glatt streichen. Überstehenden Fondant abschneiden und die Tüte auf einen der Türme setzen. Mit den restlichen Tüten gleich verfahren. Aus den abgeschnittenen Fondantteilen Dächer für die Türmchen auf der Großen Halle formen und mit Schokolade befestigen. Die Eistüten als abnehmbare Dächer auf die Türme setzen, damit man Teelichter hineinstellen kann. Nach Belieben mit schwarzer Lebensmittelfarbe besprühen.

13 Aus grünem Fondant verschiedene kleine Bäume formen und rund um das Schloss aufstellen. Die Dächer von Hogwarts mit Kakaopulver bestreuen. Vorsichtig die Große Halle und die Schule für Hexerei und Zauberei anheben und jeweils zwei Teelichter hineinstellen. Weitere Teelichter in den Türmen und im Schlosshof verteilen.

PRÄSENTATION

Damit das Schloss richtig imposant wirkt, sollte es auf einem Sockel stehen. Dafür eine umgedrehte tiefe Schüssel, einen Stapel Bücher oder Zeitschriften verwenden. Stoff oder Papier darüber drapieren und die Kuchenplatte mit dem Lebkuchenschloss daraufstellen. Zum Schluss noch ein schwarzes Band um die Kuchenplatte binden.

„Happee Birthdae Harry"-Torte

FÜR 12 | **75 MINUTEN PLUS ABKÜHLZEIT** | **25 MIN.**

Die „Happee Birthdae Harry"-Torte ist eine exakte Nachbildung der Torte, die Hagrid Harry zum 11. Geburtstag in *Harry Potter und der Stein der Weisen* schenkt (aber hoffentlich nicht ganz so zerdrückt), und die perfekte Geburtstagsüberraschung für alle angehenden Zauberer und Hexen. Versuche jedoch, bei der Lieferung keine Tür einzutreten!

V VG

FÜR DIE MASSE

pflanzliche Margarine zum Einfetten
375 g Mehl
300 g feiner Zucker
6 EL Kakaopulver
2 TL Natron
1 EL Weißweinessig
1 EL Vanilleextrakt
250 ml pflanzliche Milch
100 g vegane Schokolade

FÜR DIE DEKORATION

1 kleiner Bund Rote Bete
100 g Kokosfett, zerkleinert
120 ml pflanzliche Milch
2 TL Vanilleextrakt
550 g Puderzucker
1 EL Kakaopulver
vegane grüne Lebensmittelfarbe

SPEZIALAUSSTATTUNG

kleiner Spritzbeutel aus Papier oder Plastik
2 Springformen (20 cm)

1 Backofen auf 190 °C/Gas Stufe 4 vorheizen. Zwei Springformen einfetten und die Böden mit Backpapier auslegen. Mehl, Zucker, Kakaopulver und Natron in einer Schüssel mit Essig, Vanille und Milch zu einer glatten, cremigen, hellgelben Masse aufschlagen. Schokolade einrühren. Masse gleichmäßig auf die beiden Springformen verteilen und die Oberfläche glatt streichen.

2 25 Minuten backen, bis die Torten sich fest anfühlen. Ränder lockern, auf ein Gitter heben und abkühlen lassen.

3 Rote Bete in eine Schüssel fein raspeln. Auf ein doppelt gefaltetes Küchenpapier legen, dessen Ecken aufnehmen und über einer Schüssel so viel Saft wie möglich aus der Roten Bete pressen.

4 Kokosfett und Milch in einem kleinen Topf leicht erwärmen, bis das Kokosfett schmilzt. In eine große Schüssel gießen, Vanille und Zucker zugeben und zu einer dicken, glatten, streichfähigen Glasur aufschlagen. Ist die Masse zu dick, etwas mehr Milch, ist sie zu dünn, etwas mehr Puderzucker zugeben.

5 Ein großzügiges Drittel der Masse in einer anderen Schüssel mit Kakaopulver verrühren. Einen Tortenteil auf eine Tortenplatte geben, mit der Kakaoglasur bestreichen und den zweiten Tortenteil darauf setzen. Weitere 2 EL der Glasur in eine kleine Schüssel geben, etwas grüne Lebensmittelfarbe einrühren und in einen kleinen Spritzbeutel füllen.

6 1 TL Saft der Roten Bete in die restliche Glasur mischen. Tropfenweise mehr Saft einrühren, bis die Glasur kräftig rosa ist. Mit einer Spachtel die Torte, auch die Ränder, mit der Glasur bestreichen.

7 Eine winzige Ecke vom Spritzbeutel abschneiden, sodass die Glasur in einer sehr feinen Linie herauskommt. Dann „Happee Birthdae Harry" auf die Torte schreiben. Bis zum Servieren an einem kühlen Ort aufbewahren.

TIPP

Diese Torte kannst du einen Tag im Voraus machen und verzieren. Du kannst sie auch personalisieren, indem du „HARRY" durch einen anderen Namen ersetzt.

SETZE DICH NUR NICHT DRAUF WIE HAGRID!

TIPP

Als natürliche Alternative zu grüner Lebensmittelfarbe kannst du 1 Prise Matcha-Teepulver nehmen.

VERBOTENER-WALD-KUCHEN

FÜR 12 | 2 STUNDEN PLUS ABKÜHLZEIT | 25 MIN.

Dieses Rezept ist dem Verbotenen Wald von Hogwarts gewidmet. In ihm lebt Aragog, Hagrids riesiger achtbeiniger Freund. Die Acromantula macht den Schokokuchen vielleicht ein wenig furchterregend, dafür schmeckt er aber unwiderstehlich gut. Selbst Ron, der schreckliche Angst vor Spinnen hat, könnte dazu nicht Nein sagen.

GF V

1 Für die Biskuitmasse den Backofen auf 180 °C/Gas Stufe 3 vorheizen. Boden und Wände der drei Tortenformen einfetten und den Boden mit Backpapier auslegen. Butter und Zucker in einer großen Schüssel cremig aufschlagen. Nach und nach die Eier einarbeiten, etwas Mehl zugeben, sollte die Masse gerinnen.

2 Vanille einrühren, danach Mehl, Backpulver und Kakaopulver hineinsieben. Rühren, bis alles gut verbunden ist, dann vorsichtig die Milch unterrühren.

3 Gleichmäßig auf die drei Formen verteilen und die Oberflächen glatt streichen. 25 Minuten backen, bis die Kuchen sich auf leichten Druck fest anfühlen.

4 Für die Glasur Vollmilchkuvertüre in eine Schüssel geben. Sahne in einem Topf erhitzen, bis sie kleine Blasen wirft, aber nicht kocht. Über die Kuvertüre gießen, unter ständigem Rühren schmelzen lassen und glatt rühren. Sobald die Creme ausgekühlt ist, mindestens zwei Stunden kalt stellen, bis sie streichfähig, aber noch nicht fest ist.

5 Bevor der Kuchen aus drei Schichten zusammengesetzt wird, aus einer Schicht die Mitte herausschneiden. Dazu einen Teller oder eine Schüssel mit 14 cm Durchmesser auf die Schicht legen und rundherum mit einem scharfen Messer hineinschneiden. Darauf achten, dass das Messer immer senkrecht steht. Mittelteil vorsichtig herausheben und beiseitestellen.

6 Die zweite Schicht auf ein Brett oder einen Teller mit mindestens 28 cm Durchmesser legen. Den oberen Rand mit ein wenig Glasur bestreichen. Vorsichtig die ausgehöhlte Schicht darauf platzieren. Fruchtgummitiere gleichmäßig in der Aushöhlung verteilen. Wieder etwas Glasur auf den oberen Rand streichen und die oberste Schicht darauflegen.

7 Das beiseitegestellte Biskuit in einer Schüssel zerkrümeln. Etwa 4 EL Glasur beimischen, sodass es gut bindet. Die restliche Glasur mit einer Spachtel auf dem seitlichen Rand und der Oberseite des Kuchens sowie auf dem Rand des Tellers verteilen.

Weiter geht's auf der nächsten Seite.

FÜR DIE BISKUITMASSE

275 g weiche Butter, plus Butter zum Einfetten

300 g brauner Zucker

5 große Eier, verquirlt

250 g glutenfreies Mehl

1 EL Vanilleextrakt

2 TL glutenfreies Backpulver

30 g Kakaopulver

4 EL Milch

FÜR DIE GLASUR

300 g Vollmilchkuvertüre, gehackt

300 g Sahne

ABSCHLUSS

250 g Fruchtgummi in Form von Schnecken, Würmern, Spinnen oder Insekten

60 g glutenfreie weiße Marshmallows

1 Stange weiche Lakritze

40 g Zartbitterkuvertüre, gehackt

SPEZIALAUSSTATTUNG

kleiner Spritzbeutel aus Papier oder Plastik

3 runde Tortenformen (18 cm)

TIPP

Kuvertüre in einen Behälter geben, der in einem Wasserbad langsam erhitzt wird. Alternativ in kurzen Intervallen bei mittlerer Hitze in die Mikrowelle stellen und häufig umrühren, bis alles glatt ist.

PRÄSENTATION

Marshmallows ergeben ein richtig effektvolles Spinnennetz! Wenn die geschmolzene Masse fest wird, bevor das Netz fertig ist, kann man sie wieder erhitzen – aber sehr vorsichtig, damit sie nicht braun wird. Hinterher den Topf in kaltem Wasser einweichen, damit er leichter zu reinigen ist.

8 Marshmallows in einem kleinen Topf vorsichtig erhitzen und umrühren, bis sie geschmolzen sind. Abkühlen lassen, bis die Masse mit den Händen bearbeitet werden kann. Etwas davon zwischen die Finger nehmen und in dünnen Fäden auseinanderziehen. Die Fäden auf einer Seite des Kuchens als Spinnennetz drapieren.

9 Für den Körper der Spinne ein walnussgroßes Stück der Krümelmasse auf das Spinnennetz setzen; ein etwas kleineres Stück für den Kopf hinzufügen. Lakritze auf 9 cm Länge zuschneiden und der Länge nach acht Streifen für die Beine abschneiden. Um die Beine zu krümmen, jeden Streifen auf Drittelhöhe fest zwischen Daumen und Zeigefinger drücken, danach am Spinnenkörper befestigen.

10 Aus den restlichen Kuchenkrümeln viele Stücke in Form von Baumwurzeln kneten, dabei an einem Ende eine Spitze formen. Mit dem dicken Ende am Kuchenrand befestigen und die spitzen Enden über den Tellerrand hinausragen lassen.

11 Zartbitterkuvertüre schmelzen und in einen kleinen Spritzbeutel füllen. Eine Ecke abschneiden, sodass die Schokolade in einer dünnen Linie aufgetragen werden kann. Damit die Augen der Spinne und weitere Wurzeln am Kuchenrand aufspritzen.

Neben Aragog und seiner Familie leben im Verbotenen Wald auch Thestrale, Einhörner und Zentauren.

ÜBRIGENS …

Ausgewachsene Acromantulas können die Größe von Elefanten erreichen, wie Harry und Ron zu ihrem Schrecken entdecken, als sie Hagrids Spinnenfreund Aragog und seiner Familie zum ersten Mal in *Harry Potter und die Kammer des Schreckens* begegnen. Statt visueller Effekte baute der Creature Shop ein lebensgroßes mechanisches Modell von Aragog und verwendete ein auf Wasser basierendes System, um die Bewegungen echt aussehen zu lassen.

HONIGTOPF-KRAPFENKUCHEN

16 STÜCK | **1 STUNDE PLUS GEH- UND ABKÜHLZEIT** | **12 MIN.**

Es gibt viele Orte in der Zauberwelt, die wir gern besuchen würden. Doch der Süßwarenladen *Honigtopf* in Hogsmeade steht ganz oben auf der Liste. Dort bekommt man alle Arten von Süßigkeiten, von Schokofröschen bis zu Bertie Botts Bohnen jeder Geschmacksrichtung. Die magischen Leckereien haben uns zu diesem zauberhaften Krapfenkuchen inspiriert. (Keine Sorge – die mit Ohrenschmalzgeschmack haben wir weggelassen, versprochen!)

V

FÜR DEN TEIG

500 g Weizenmehl (Type 812)

55 g kalte Butter, gewürfelt

2 TL Trockenhefe

1 TL Salz

70 g feiner Zucker

2 TL Vanilleextrakt

250 ml warme Milch, plus 1 EL Milch

ABSCHLUSS

110 g Erdbeer- oder Himbeerkonfitüre

4 EL Puderzucker

½ TL gemahlener Zimt

135 g feiner Zucker

verschiedene Süßigkeiten, z. B. Fruchtgummis, saure Drops, Schokofrösche, Zitronenbrausebonbons

rosa Zuckerstreusel

goldene oder silberne Sterne oder essbarer Glitter

SPEZIALAUSSTATTUNG

runde Spritztülle (0,5 cm)

Spritzbeutel aus Papier oder Plastik

1 Für den Teig Mehl und Butter in einer Schüssel mit den Fingerspitzen krümelig verreiben. Hefe, Salz, Zucker, Vanille und Milch zugeben und zu einem klebrigen Teig verarbeiten. Etwas mehr Milch zugeben, sollte der Teig zu trocken und krümelig sein.

2 Auf einer bemehlten Arbeitsfläche 10 Minuten glatt und geschmeidig kneten. In eine leicht eingefettete Schüssel geben, mit Frischhaltefolie abdecken und an einem warmen Ort etwa 1 ½ Stunden zu doppelter Größe aufgehen lassen.

3 Zwei Bleche mit Backpapier auslegen. Teig nochmals kneten und auf eine bemehlte Arbeitsfläche stürzen. In 16 gleich große Stücke teilen und zu Kugeln formen. Mit großem Abstand auf die Bleche setzen, mit leicht eingefetteter Frischhaltefolie abdecken und an einem warmen Ort etwa 1 ¼ Stunden zu doppelter Größe aufgehen lassen. Backofen auf 180 °C/Gas Stufe 3 vorheizen.

4 Teigkugeln etwa 12 Minuten backen, bis sie goldbraun sind. Unterdessen Konfitüre in einen Spritzbeutel mit runder Tülle füllen. Puderzucker in einer Schüssel mit 2 EL Wasser zu einer dünnen Glasur verrühren. Zimt und Zucker auf einem Teller vermischen.

5 Ein kleines Loch in jede Teigkugel machen und mit etwas Konfitüre füllen. Krapfen mit Glasur bestreichen und in der Zimt-Zucker-Mischung wälzen. Auf einer Servierplatte oder einem Kuchenteller auftürmen.

6 Zum Servieren Bonbons zwischen den Krapfen und um sie herum verteilen. Mit rosa Zuckerstreuseln sowie Sternen oder Glitter bestreuen.

ÜBRIGENS …

Professor Dumbledore hat mit Bertie Botts Bohnen jeder Geschmacksrichtung wenig Glück. Als Junge erwischte er mal eine, die nach Erbrochenem schmeckte. Und in *Harry Potter und der Stein der Weisen* eine mit dem Geschmack von Ohrenschmalz!

TIPP

Die Krapfen kannst du einen Tag im Voraus backen, füllen, mit Zucker bestreuen und in einem luftdicht verschlossenen Behälter aufbewahren. Ein paar Stunden vor dem Servieren auftürmen und dekorieren.

BROWNIE-ZAUBERKESSEL

6 STÜCK | 1–1 ½ STUNDEN PLUS ABKÜHLZEIT | 20 MIN.

Kessel werden in der Zauberwelt verwendet, um alle möglichen Zaubertränke zu brauen, von Felix Felicis (besser bekannt als flüssiges Glück) bis zum Vielsaft-Trank. Sie gehören bereits im ersten Jahr zur Grundausstattung der Schüler von Hogwarts. Dieses köstliche Rezept zeigt dir, wie du deine eigenen Zauberkessel für dich und deine Freunde herstellen kannst.

V | VG

FÜR DIE BROWNIES

- 5 EL Pflanzenöl, plus Pflanzenöl zum Einfetten
- 200 g vegane Zartbitter- oder Vollmilchschokolade, gehackt
- 155 g Mehl
- 3 EL Kakaopulver
- 170 g brauner Zucker
- 100 g Pekan- oder Walnüsse, fein gehackt
- 250 ml pflanzliche Milch
- 200 g veganer Schokoaufstrich

FÜR DIE DEKORATION

- 50 g veganes Streichfett
- 125 g Puderzucker
- grüne und lila Lebensmittelfarbe
- 50 g brauner Fondant
- 3 EL feiner Zucker

SPEZIALAUSSTATTUNG

halbkugelförmige Backformen (7 cm Durchmesser)

Tortenmesser

Hermine braut den komplizierten Vielsaft-Trank in ihrem zweiten Jahr in Hogwarts.

1 Backofen auf 180 °C/Gas Stufe 3 vorheizen. 12 Kreise mit 6 cm Durchmesser aus Backpapier ausschneiden und tiefe Einschnitte an den Rändern machen. 12 halbkugelförmige Backformen (7 cm Durchmesser) mit Öl einfetten und den Boden mit je einem Backpapierkreis auslegen. Schokolade schmelzen.

2 Mehl, Kakaopulver, Zucker und Nüsse in einer Schüssel vermengen. Milch und Öl verquirlen und zur geschmolzenen Schokolade geben. Gut verrühren, gleichmäßig auf die Formen verteilen und Oberflächen glatt streichen. Auf ein Blech setzen und 20 Minuten backen, bis die Masse leicht aufgegangen ist und sich fest anfühlt. In den Formen abkühlen lassen.

3 Kuchen vorsichtig mit einem Messer in den Formen lockern und herausnehmen. Alle erhabenen Stellen wegschneiden und jeweils zwei mit ein wenig Schokoaufstrich zu einer Kugel verbinden. Das obere Ende jeder Kugel flach abschneiden.

4 Mit einem kleinen Tortenmesser eine dünne Schicht Schokoaufstrich auf den Außenseiten so glatt wie möglich verstreichen.

5 Für die Dekoration veganes Streichfett und Puderzucker in einer Schüssel cremig aufschlagen. Ein Drittel davon in eine weitere Schüssel geben. Etwas grüne Lebensmittelfarbe in die größere Menge, ein wenig lila Farbe in die kleinere Menge einrühren.

6 Ein kleines Stück braunen Fondant mit den Handflächen zu einem 13 cm langen Strang ausrollen und als Rand auf die Küchlein setzen, dabei die Enden leicht zusammendrücken.

7 Etwas grüne Glasur auf jeden Kessel geben und bis zu den Rändern mit dem Rücken eines Teelöffels glatt streichen. Etwas lila Glasur daraufgeben.

8 Zucker in einer kleinen Schüssel mit der lila Lebensmittelfarbe mit dem Rücken eines Teelöffels verrühren. Etwas davon über die Kessel und auf den Teller streuen.

SCHON GEWUSST?
Brownies wurden schon 1896 in einem amerikanischen Kochbuch erwähnt.

Hagrids Stein-Kekse

12 STÜCK | 10 MIN. | 15 MIN.

Diese fruchtigen Stein-Kekse sind weniger steinig und wesentlich mürber als Hagrids Originale (von denen man weiß, dass sie den Esser einige Zähne kosten). Trotzdem schmecken sie bestimmt genauso gut – besonders, wenn man sich vorstellt, sie in Hagrids Hütte zu essen, bei prasselndem Kaminfeuer und mit dem dösenden Fang. Am besten schmecken die Kekse mit heißem Tee oder kalter Milch.

V

- 220 g Mehl
- 2 TL Backpulver
- 1 TL Pumpkin-Pie-Gewürz
- 110 g kalte Butter, gewürfelt
- Abrieb von 1 unbehandelten Zitrone
- 1 großzügige Prise Salz
- 135 g gemischte Trockenfrüchte
- 100 g feiner Zucker
- 1 großes Ei
- 2 EL Milch
- 6–8 Stück weißer Würfelzucker

1 Backofen auf 200 °C/Gas Stufe 4 vorheizen. Ein großes Backblech mit Backpapier auslegen. Mehl, Backpulver und Pumpkin-Pie-Gewürz in einer Schüssel mit der Butter zwischen den Fingerspitzen zu feinen Krümeln verreiben.

2 Zitronenabrieb, Salz, gemischte Trockenfrüchte und Zucker vermengen. Ei mit Milch in einer kleinen Schüssel verquirlen und die trockenen Zutaten unterrühren, bis sich alles zu einem festen Teig verbindet.

3 Mit einem Löffel zwölf gleich große Häufchen Teig auf das Blech setzen. Sie können ruhig ungleichmäßig sein! Würfelzucker in einen Plastikbeutel geben und mit dem Nudelholz grob zerkleinern. Die Kekse damit bestreuen und 15 Minuten backen, bis sie aufgegangen und goldbraun sind. Auf einem Kuchengitter abkühlen lassen.

„Haarig und verrückt? Ihr sprecht doch wohl nicht von mir, oder?“

RUBEUS HAGRID
HARRY POTTER UND DIE KAMMER DES SCHRECKENS

ÜBRIGENS …

Für die Filmreihe wurden zwei Versionen von Hagrids Hütte gebaut. Die eine war riesig, um Harry, Ron und Hermine kleiner aussehen zu lassen, die andere hatte normale Größe, sodass Hagrid größer wirkte.

TIPP

Am besten schmecken die Kekse, wenn sie frisch gebacken und noch warm sind. Zum Glück sind sie schnell gemacht!

SPRECHENDER-HUT-CUPCAKES

8 STÜCK | 1–1 ½ STUNDEN | 40 MIN.

Bist du mutig und treu wie ein Gryffindor? Oder erfinderisch und ehrgeizig wie ein Slytherin? Vielleicht bist du geistreich und intelligent wie ein Ravenclaw? Oder loyal und fleißig wie ein Hufflepuff? Diese köstlichen Cupcakes helfen dir, ein für alle Mal zu entscheiden, zu welchem Haus von Hogwarts du gehörst. Im Zweifelsfall musst du eben noch einen Cupcake essen!

V

FÜR DEN KEKSTEIG

95 g Mehl
1 großzügige Prise Salz
110 g kalte Butter, gewürfelt
3 EL Kakaopulver
40 g Puderzucker
1 Eigelb

FÜR DIE BISKUITMASSE

85 g weiche Butter
70 g feiner Zucker
85 g Mehl
¾ TL Backpulver
1 großes Ei
1 großes Eigelb
einige Tropfen natürliche rote, grüne, gelbe und blaue flüssige oder Gel-Lebensmittelfarbe

FÜR DIE DEKORATION

100 g Zartbitterkuvertüre, gehackt
55 g weiche Butter
225 g Frischkäse
95 g Puderzucker
2 EL Kakaopulver
3 EL Schoko- oder Karamellaufstrich

SPEZIALAUSSTATTUNG

runder Keksausstecher (7,5 cm)
runder Keksausstecher (4 cm)
runde Spritztülle (0,5 cm)
großer Spritzbeutel
Brotbackform (16,5 x 7,5 cm)
Tortenmesser

1 Für den Keksteig Backofen auf 180 °C/Gas Stufe 3 vorheizen. Ein Blech mit Backpapier auslegen. Mehl und Salz in einer Schüssel mit der Butter zwischen den Fingerspitzen verreiben. Kakaopulver, Zucker und Eigelb zugeben und zu einem festen Teig verarbeiten. Auf ein leicht bemehltes Brett stürzen und zu einer dicken, etwa 11,5 cm langen Rolle formen.

2 In acht gleich große Stücke schneiden. Einen Keksausstecher mit 7,5 cm Durchmesser auf das Blech legen. Ein Stück Teig nehmen und innerhalb des Ausstechers ausbreiten. Ausstecher abheben und den Vorgang sieben Mal wiederholen. 15 Minuten backen und auf dem Papier abkühlen lassen.

3 Für die Biskuitmasse eine 16,5 x 7,5 cm große Backform einfetten und mit Backpapier auslegen. Butter, Zucker, Mehl, Backpulver, Ei und Eigelb in eine Schüssel geben und glatt und cremig aufschlagen.

4 Mischung vierteln und in verschiedene Schüsseln oder Becher verteilen. Jede Mischung mit einer der vier Lebensmittelfarben einfärben. Die vier verschieden gefärbten Massen nebeneinander in getrennten Farbstreifen in die Form füllen. Etwa 25 Minuten backen, bis die Masse sich fest anfühlt. Auf einem Kuchengitter abkühlen lassen.

5 Für die Glasur Kuvertüre schmelzen und abkühlen lassen. In einer Schüssel Butter schaumig schlagen. Frischkäse einrühren, dann Zucker, Kakaopulver und ausgekühlte Schokolade untermengen. In einen großen Spritzbeutel mit einer 0,5 cm großen Tülle füllen.

6 Mit einem runden Keksausstecher (4 cm) aus jeder farbigen Biskuitmasse zwei Kreise ausstechen. Die Ränder etwas zurechtschneiden, sodass sie leicht kegelförmig werden. Jeden Kegel auf einer Keksbasis mit Schoko- oder Karamellcreme befestigen.

7 Mit dem Spritzbeutel die Glasur um und über die Biskuitmasse spritzen, oben spitz zulaufen lassen. Mit dem Rücken eines Teelöffels oder einem kleinen Tortenmesser die Glasur glätten. Mit dem Ende des Löffelstiels Mund und Augen andeuten.

TIPP

Wenn du mit den Gesichtern auf den Hüten nicht zufrieden bist, glätte einfach die Glasur und versuche es noch einmal!

HAUSELFEN-CUPCAKES

9 STÜCK | 1 ½–2 STUNDEN PLUS ABKÜHLZEIT | 20–25 MIN.

Dobbys magische Einmischungen können zwar manchmal ins Auge gehen (wie damals, als Harry und Ron nicht auf Gleis neundreiviertel gelangen konnten und schließlich mit dem unsichtbaren Auto von Rons Vater nach Hogwarts flogen), aber seine Absichten sind immer gut. Dobby und den anderen Hauselfen sind diese köstlichen Karotten-Cupcakes gewidmet. Sie würden sich auch bei einem Festessen in Hogwarts gut machen.

V | GF

FÜR DIE MASSE

220 g glutenfreies Mehl
1 TL glutenfreies Backpulver
½ TL Xanthan
1 TL Pumpkin-Pie-Gewürz
170 g brauner Zucker
2 mittlere Karotten, fein geraspelt
60 g Sultaninen oder Rosinen
150 ml Pflanzenöl
2 große Eier, verquirlt

FÜR DIE DEKORATION

110 g weiche Butter
155 g Puderzucker
natürliche grüne Lebensmittelfarbe
350 g beiger Fondant
1 kleines Stück weißer Fondant
1 kleines Stück brauner Fondant
1 Tube braune Dekor- oder Schokoglasur

SPEZIALAUSSTATTUNG

Muffinblech für 9 Muffins
9 Papierförmchen für Muffins
Tortenmesser

1 Backofen auf 180 °C/Gas Stufe 3 vorheizen. Ein Muffinblech mit neun Papierförmchen auskleiden. Mehl, Backpulver, Xanthan, Pumpkin-Pie-Gewürz, Zucker, Karotten und Sultaninen oder Rosinen in einer Schüssel vermengen. Öl und Eier verrühren und mit den trockenen Zutaten zu einer glatten Masse verarbeiten. Gleichmäßig auf die Förmchen verteilen.

2 20–25 Minuten backen, bis die Cupcakes sich fest anfühlen. Auf ein Kuchengitter stürzen und abkühlen lassen.

3 Für die Dekoration Butter und Zucker in einer Schüssel cremig aufschlagen. Etwas grüne Lebensmittelfarbe einrühren, auf jeden Cupcake einen Klecks auftragen und mit einem Tortenmesser bis zu den Kanten hin verstreichen.

4 Für das Elfgesicht ein walnussgroßes Stück vom beigen Fondant birnenförmig abflachen. Am spitzen Ende eine dünne Linie für den Mund eindrücken und auf den Cupcake legen. Zwei riesige Ohren und eine große Nase formen und befestigen. Aus dem weißen Fondant zwei Augen formen und mit schmalen beigen Streifen als Lider einrahmen. Unter dem Kinn den Kragen aus braunem Fondant anbringen.

5 Mit der Spitze eines scharfen Messers Runzeln in das Gesicht ritzen. Iris mit grüner Lebensmittelfarbe aufmalen. Wenn alles trocken ist, Pupillen und Haare aus braunem Fondant oder Schokoglasur ergänzen.

TIPP

Die Cupcakes sind schnell gebacken, doch die Dekoration ist etwas aufwendiger. Aber keine Sorge – das Modellieren der Gesichter fällt dir von Mal zu Mal leichter!

SCHON GEWUSST?

Der Ursprung des Karottenkuchens ist umstritten, meist werden jedoch Engländer, Franzosen und Schweizer als Erfinder des Kuchens genannt.

„Sie dürfen Harry Potter nicht wehtun!“
DOBBY
HARRY POTTER UND DIE KAMMER DES SCHRECKENS

ÜBRIGENS …

In der Zauberwelt erlangt ein Hauself die Freiheit, wenn ihm sein Herr oder seine Herrin ein Kleidungsstück schenkt.

Hermines Perlentasche

FÜR 12-14 | 2 STUNDEN PLUS ABKÜHLZEIT | 50 MIN.

Obwohl Hermines Perlentasche nicht gerade groß ist, passen dank des nicht nachweisbaren Ausdehnungszaubers Kleider, Bücher, Medikamente und sogar ein Zelt hinein. Diese prächtige Kuchennachbildung mit Roter Bete steckt ebenfalls voller Überraschungen, wie du schon beim ersten Bissen bemerken wirst (dem bestimmt ein zweiter und dritter folgen, da sind wir ganz sicher!).

V

FÜR DIE MASSE

250 g Mehl

2 TL Backpulver

1 EL Kakaopulver

135 g feiner Zucker

2 kleine, rohe Rote Beten, grob geraspelt

6 EL Pflanzenöl

2 große Eier

1 großes Eigelb

175 ml Buttermilch

1 EL Weißweinessig

FÜR DIE DEKORATION

55 g weiche Butter

150 g Frischkäse

220 g Puderzucker

natürliche lila Lebensmittelfarbe

100 g lila Fondant

1 Handvoll rote Kaubonbons

3 rote Fruchtgummis

SPEZIALAUSSTATTUNG

2 runde Auflaufformen (je 1 Liter)

2 Spritzbeutel aus Papier oder Plastik

runde Spritztülle (0,5 cm)

Tortenmesser

1 Backofen auf 160 °C/Gas Stufe 2 vorheizen. Zwei Auflaufformen einfetten und die Böden mit Backpapier auslegen. Mehl, Backpulver, Kakaopulver und Zucker in einer Schüssel vermengen. Rote Beten, Öl, Eier und Eigelb in einer Küchenmaschine oder einem Mixer glatt pürieren. Mit Buttermilch und Essig zu den trockenen Zutaten geben und zu einer glatten Masse verrühren.

2 Die Masse auf die Auflaufformen verteilen, die Oberflächen glatt streichen und etwa 50 Minuten backen, bis die Kuchen aufgegangen sind, sich fest anfühlen und an einem eingesteckten Spieß nichts haften bleibt. In den Formen abkühlen lassen.

3 Für die Dekoration Butter in einer Schüssel schaumig schlagen, Frischkäse einrühren, Puderzucker zugeben und weiterschlagen, bis alles gut verbunden ist. 3 EL der Masse in eine kleine Schüssel geben, den Rest mit lila Lebensmittelfarbe verrühren. Wenn die Glasur zu weich zum Streichen ist, für 1 Stunde kalt stellen, damit sie wieder anzieht.

4 Die gewölbten Oberseiten von beiden Kuchen schneiden, mit etwas lila Glasur zusammenfügen und auf einen Kuchenteller stellen. Mit einem Tortenmesser eine dünne Schicht lila Glasur auf dem ganzen Kuchen verteilen.

5 Restliche Glasur in einen Spritzbeutel mit runder Tülle (0,5 cm) füllen und oben rund um den Kuchen eine gewundene Linie aufspritzen. Darüber zwei weitere Linien als Rand auftragen. Kalt stellen, während die Verzierungen hergestellt werden.

6 Etwas lila Fondant mit den Handflächen so dünn wie möglich zu einem Strang rollen. Mit einem zweiten Stück den Vorgang wiederholen. Die beiden Stränge miteinander zu einem Seil drehen, auf den gewundenen Rand legen und vorsichtig festdrücken.

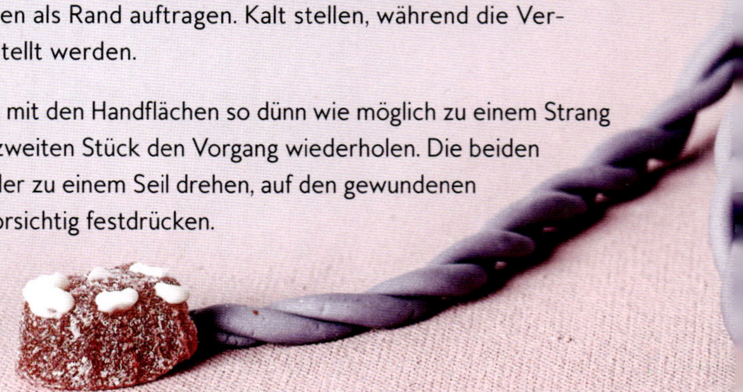

7 Fondant ausrollen und fünf 7,5 x 2,5 cm große Rechtecke ausschneiden. Vorsichtig an den Seiten des Kuchens andrücken. Kaubonbons halbieren und in senkrechten Linien zwischen den Fondantrechtecken anbringen. Noch zwei je 20 cm lange Seilstränge aus Fondant formen. Am oberen Rand der Tasche anbringen und die Enden über den Teller ragen lassen.

8 Für die Quaste ein 6 x 2,5 cm großes Rechteck aus Fondant ausrollen, schmale Längsstreifen hineinschneiden, aber nicht durchschneiden. Endstück zusammenrollen und an der Tasche befestigen. Die drei Fruchtgummis wie abgebildet anbringen. Die beiseitegestellte Glasur in einen Spritzbeutel füllen, eine kleine Ecke abschneiden und die Glasur in feinen Linien als Verzierungen auf den Fondantrechtecken und Fruchtgummis anbringen.

ÜBRIGENS ...

Hermines Perlenhandtasche ist David Yates' Lieblingsrequisit aus den Filmen. Yates war der Regisseur der letzten vier Harry-Potter-Filme, vom *Orden des Phönix* bis zu *Heiligtümer des Todes – Teil 2*.

TIPP

Mit Schachfiguren aus Schokolade oder speziellen Harry-Potter-Schachfiguren sieht das Schachbrett besonders gut aus!

ZAUBERSCHACHBRETT

FÜR 16 | **40 MIN. PLUS ABKÜHLZEIT** | **40 MIN.**

„Pferd auf H3!" Mit diesem Rezept kannst du Zauberschach spielen – und das ist bekanntlich viel cooler als gewöhnliches Schach. (Nicht nur, weil die magischen Schachfiguren sich von selbst bewegen …) Gehst du auf Nummer sicher wie Percy Weasley oder riskierst du alles wie Ron? Welche Taktik auch immer – bei dem himmlischen Geschmack fühlt sich jeder als Sieger!

V GF

1 Backofen auf 190 °C/Gas Stufe 4 vorheizen. Boden und Seiten der Backform mit Backpapier auslegen. Für die hellen Quadrate Butter, Honig, Zucker und Orangenabrieb in einem Topf langsam erwärmen, bis die Butter geschmolzen ist.

2 Vom Herd nehmen, Porridgeflocken einrühren, in die Backform geben, Oberfläche glatt streichen und 20 Minuten backen. 10 Minuten in der Form lassen, danach zum Abkühlen auf ein Kuchengitter stürzen.

3 Für die dunklen Quadrate Backform wieder mit Backpapier auslegen. Butter mit Ahornsirup und Zucker schmelzen lassen. Porridgeflocken und Kakaopulver einrühren, in die Backform geben, Oberfläche glatt streichen und ebenfalls 20 Minuten backen und abkühlen lassen.

4 Zum Abschluss Quadrate vorsichtig in sechs gleich große Streifen teilen und diese sechs Mal quer durchschneiden, um je 36 kleine Quadrate zu erhalten. Auf einem flachen, quadratischen Servierteller oder einem Brett Quadrate zu einem Schachbrettmuster mit acht Quadraten je Seite auflegen. (Es bleiben für alle Fälle ein paar Quadrate übrig.) Zudecken und bis zum Servieren kühl aufbewahren.

FÜR DEN HELLEN TEIG

165 g Butter, gewürfelt

75 ml Honig

100 g feiner Zucker

Abrieb von 1 großen unbehandelten Orange

275 g glutenfreie Porridgeflocken

FÜR DEN DUNKLEN TEIG

165 g Butter, gewürfelt

75 ml Ahornsirup

100 g feiner Zucker

250 g glutenfreie Porridgeflocken

45 g Kakaopulver

SPEZIALAUSSTATTUNG

quadratische Backform (18 cm)

VG Für die vegane Version bei den hellen Quadraten Pflanzenmargarine und Ahornsirup statt Honig verwenden.

TIPP

Die kleinen Quadrate lassen sich genauer schneiden, wenn man den Kuchen einige Stunden oder sogar einen Tag vor dem Servieren backt.

HAUS-BAISERS À LA HOGWARTS

12 STÜCK | 40 MIN. PLUS KÜHL- UND ABKÜHLZEIT | 1 STUNDE

Mit unterschiedlichem Fruchtgeschmack – Blaubeer für Ravenclaw, Himbeer für Gryffindor, Kiwi für Slytherin und Banane für Hufflepuff – sind die bunten und köstlichen Baisers eine wunderbare Möglichkeit, die Zugehörigkeit zu deinem Haus zu zeigen!

V | GF

FÜR DIE MASSE

Eiweiß von 4 großen Eiern

200 g feiner Zucker

ABSCHLUSS

natürliche rote, grüne, gelbe und blaue flüssige oder Gel-Lebensmittelfarbe (siehe Füllung)

1 Backofen auf 140 °C/Gas Stufe 1 vorheizen. Zwei Bleche mit Backpapier auslegen.

2 Eiweiße in einer sauberen Schüssel sehr steif schlagen. 1 EL Zucker zugeben und nochmals 15 Sekunden schlagen. Einen weiteren Löffel Zucker zugeben und weiterschlagen. Vorgang mit dem restlichen Zucker wiederholen, bis die Baisermasse dick und glänzend ist.

3 Mit einem Esslöffel die Baisermasse mit etwas Abstand auf ein Blech setzen. Die Masse sollte für 12 Häufchen reichen.

4 Um die Baisers einzufärben, ein oder zwei Tropfen der Lebensmittelfarbe auf ein Baiser träufeln und mit einem Teelöffel verzwirbeln. Vorgang wiederholen. Etwa 1 Stunde backen, bis die Baisers an der Oberfläche knusprig sind. Auf dem Blech abkühlen lassen.

5 Baisers paarweise an der Unterseite mit der passenden Farbfüllung bestreichen und zusammensetzen. Bis zum Servieren kühl stellen.

FÜLLUNG

Wähle dein Lieblingshaus und färbe die Baisers in der Hausfarbe – oder fertige von jeder Farbe ein paar Baisers an.

RAVENCLAW

100 g zerdrückte Blaubeeren in einem Topf mit 2 TL Zucker und 1 TL Zitronensaft weich kochen. Abkühlen lassen, dann 120 g Sahne zugeben und die Mischung aufschlagen, bis sie die Form behält. Etwas blaue Lebensmittelfarbe einrühren und bis zum Servieren kalt stellen.

GRYFFINDOR

75 g Himbeeren in einer Schüssel zerdrücken. 120 g Sahne zugeben und die Mischung aufschlagen, bis sie die Form behält. Etwas rote Lebensmittelfarbe einrühren und bis zum Servieren kalt stellen.

SLYTHERIN

1 große Kiwi in einer Schüssel zerdrücken. 120 g Sahne zugeben und die Mischung aufschlagen, bis sie die Form behält. Etwas grüne Lebensmittelfarbe einrühren und bis zum Servieren kalt stellen.

HUFFLEPUFF

1 Banane in einer Schüssel mit 2 TL Zitronen- oder Limettensaft zerdrücken. 120 g Sahne zugeben und die Mischung aufschlagen, bis sie die Form behält. Etwas gelbe Lebensmittelfarbe einrühren und bis zum Servieren kalt stellen.

SCHON GEWUSST?
Baisers wurden vermutlich in der Schweiz erfunden, unter Beteiligung von französischen und italienischen Küchenchefs. Erstmals erwähnt wurde „Meringue“, wie das Baiser auch genannt wird, im Jahr 1692.

ALRAUNEN-HEFEZOPF

FÜR 8 | 1 ½ STUNDEN PLUS GEHZEIT | 30 MIN.

Dieses Rezept wurde von der kreischenden Zauberpflanze in *Harry Potter und die Kammer des Schreckens* inspiriert. Ohrenschützer brauchst du allerdings nicht – du kannst unseren Alraunen-Zopf ganz still genießen! Mit seiner Füllung aus Kirschen, Schokolade und Nüssen ist er saftig und sättigend – und schmeckt zu jeder Tageszeit.

V

FÜR DEN TEIG

280 g Weizenvollkornmehl

250 g Weizenmehl (Type 812)

1 TL Salz

55 g kalte Butter, gewürfelt

1 ½ TL Trockenhefe

50 g feiner Zucker

1 großes Ei, verquirlt

1 EL Vanilleextrakt

250 ml warme Milch

ABSCHLUSS

75 g kandierte Kirschen, gehackt

75 g Vollmilchkuvertüre, gehackt

60 g gemischte Nüsse, gehackt

40 g Zartbitterkuvertüre, gehackt

20 Lorbeerblätter

1 Mehlsorten und Salz in einer Schüssel mit der Butter zwischen den Fingerspitzen verreiben. Hefe, Zucker, Ei, Vanille und Milch zugeben und alles zu einem Teig verarbeiten. Sollte der Teig zu trocken und krümelig sein, noch etwas Milch zugeben.

2 Auf eine bemehlte Arbeitsfläche stürzen und 10 Minuten geschmeidig kneten. In eine gefettete Schüssel geben, mit Frischhaltefolie abdecken und an einem warmen Ort etwa 2 Stunden zu doppelter Größe aufgehen lassen.

3 Ein großes Blech mit Backpapier auslegen. Für die Füllung Kirschen, Vollmilchkuvertüre und gehackte Nüsse in einer Schüssel mischen.

4 Teig nochmals kneten und auf eine bemehlte Arbeitsfläche stürzen. Ein Sechstel des Teiges abschneiden und beiseitestellen. Restlichen Teig in drei gleich große Stücke teilen und jedes zu einem 46 x 10 cm langen Streifen ausrollen. Füllung jeweils in der Mitte der Streifen verteilen. Die Ränder der Streifen über der Füllung zusammenführen und zusammendrücken, um die Füllung einzuschließen, und eine lange dünne Rolle formen.

5 Stücke umdrehen, sodass die Naht unten liegt. Die drei Stränge an einem Ende zusammenpressen und zu einem Zopf flechten. Den Zopf so formen, dass er an den Enden dünner und in der Mitte breiter wird. Auf ein Blech legen und abmessen; der Zopf sollte etwa 30 cm lang sein.

6 Den beiseitegelegten Teig vierteln. Zwei Viertel mit den Handflächen zu zwei je 25 cm langen Strängen rollen. Mit einem scharfen Messer die unteren Enden so einschneiden, dass sie wie Wurzeln aussehen. Die oberen Enden als Arme unter den Zopf schieben. Restliche Teigstücke in derselben Weise zu 12,5 cm langen Rollen formen und als Füße unter den Zopf schieben.

Weiter geht's auf der nächsten Seite.

SPEZIAL-AUSSTATTUNG

kleiner Spritzbeutel aus Papier oder Plastik

„Der Schrei der Alraune ist tödlich für jeden, der ihn hört."

HERMINE GRANGER

HARRY POTTER UND DIE KAMMER DES SCHRECKENS

ÜBRIGENS …

Obwohl der Schrei einer erwachsenen Alraune tödlich ist, setzt einen der Schrei eines Alraunensetzlings (wie du ihn backst) nur für einige Stunden außer Gefecht. Puh, Glück gehabt!

In der Zauberwelt verwendet man die Alraune oder *Mandragora* dazu, versteinerte Personen wieder in den Ursprungszustand zu versetzen. Was ganz nützlich ist, wenn ein Basilisk frei herumläuft!

7 Locker mit eingefetteter Frischhaltefolie abdecken und an einem warmen Ort 30 Minuten gehen lassen. Backofen auf 200 °C/Gas Stufe 4 vorheizen.

8 Mit dem Ende eines Löffelstiels Augen und Mund in den Kopfteil drücken. Etwa 30 Minuten backen, bis der Zopf goldbraun ist. Damit er nicht zu dunkel wird, rechtzeitig locker mit Alufolie abdecken und zu Ende backen. Auf dem Blech abkühlen lassen.

9 Zartbitterkuvertüre schmelzen und in einen kleinen Spritzbeutel füllen. Eine Ecke des Beutels abschneiden und die Schokolade in Mund- und Augenhöhlen spritzen. Restliche Schokolade über die Wurzelenden der Gliedmaßen spritzen. Zum Schluss Lorbeerblätter in den Kopf stecken.

SCHON GEWUSST?

Als das Designteam das Gewächshaus entwarf, in dem Harry und die anderen Schüler im zweiten Jahr Kräuterkunde hatten, ließ es sich von den Royal Botanic Gardens in Kew, London, inspirieren.

TIPP

Wenn du den Zopf im Voraus machen willst, friere ihn ohne Schokodekor und Blätter ein. Lass ihn auftauen und erwärme ihn im nicht zu heißen Backofen; weiter mit Schritt 9. Er schmeckt auch wunderbar mit Butter.

ÜBRIGENS …

Die schreiende Alraunenwurzel in den Harry-Potter-Filmen ist natürlich erfunden. Die echte Pflanze wächst in den Ländern rund ums Mittelmeer.

Hogwarts-Siruptorte

FÜR 8 | 45 MIN. PLUS KÜHLZEIT | 1 STUNDE

Wenn es zum Nachtisch Siruptorte gibt, kann Harry nicht Nein sagen. Dir wird es vermutlich nicht anders gehen! Wenn sie aus dem Ofen kommt, solltest du sie allerdings erst etwas abkühlen lassen. Du kannst die Torte auch mit dem Wappentier deines bevorzugten Hauses verzieren!

V

FÜR DEN TEIG

220 g Mehl

150 g kalte Butter, gewürfelt

1 großes Eigelb

2 EL feiner Zucker

FÜR DIE FÜLLUNG

550 g feiner Zucker

55 g Butter, gewürfelt

Abrieb und Saft von 3 unbehandelten Zitronen

115 g frische Semmelbrösel

3 große Eier, verquirlt

FÜR DIE DEKORATION

2 EL Puderzucker

SPEZIALAUSSTATTUNG

runde Tarteform (23 cm Durchmesser, 4 cm hoher Rand) mit Hebeboden

Blindbackkugeln

1 Für den Teig Mehl in einer Schüssel mit der Butter zwischen den Fingerspitzen grob verreiben. Eigelb, Zucker und 2 EL kaltes Wasser zugeben und zu einem festen Teig verarbeiten. Mit Frischhaltefolie umwickeln und 30 Minuten kalt stellen.

2 Backofen auf 200 °C/Gas Stufe 4 vorheizen. Teig auf einer leicht bemehlten Arbeitsfläche ausrollen, die Tarteform damit auslegen, mit Backpapier bedecken und mit Blindbackkugeln beschweren.

3 20 Minuten backen. Papier und Blindbackkugeln entfernen und die Ofentemperatur auf 180 °C/Gas Stufe 3 reduzieren.

4 Für die Füllung Zucker in einer Pfanne mit schwerem Boden mit 120 ml Wasser ganz langsam erhitzen, bis sich der Zucker aufgelöst hat. Temperatur erhöhen und den Sirup 10 Minuten köcheln lassen, bis er eine goldene Farbe annimmt. Boden der Pfanne in kaltes Wasser tauchen, um den Kochvorgang zu unterbrechen.

TIPP

Zuckersirup herzustellen wie in Schritt 4 braucht viel Zeit und Geduld! Stelle sicher, dass du eine Pfanne guter Qualität mit schwerem Boden verwendest und den Zucker vollständig auflöst, bevor du die Temperatur erhöhst. Du musst gut aufpassen, denn der Sirup wird schnell dunkel und bitter, er kann auch schnell verbrennen.

Unser Sirup ist die hausgemachte Version von „goldenem Sirup", der traditionellen Zutat für Harrys Siruptorte. Wenn du 475 g goldenen Sirup kaufen kannst, sparst du dir Schritt 4.

Die Torte hat einen wunderbaren Zitronengeschmack.

5 Butter, Zitronenabrieb und -saft in die Pfanne geben und glatt rühren. Wenn der Sirup hart bleibt und sich nicht in der Flüssigkeit auflöst, über schwacher Hitze rühren, bis die Masse weich ist. Semmelbrösel und Eier einrühren und die Füllung auf den Teig in der Form geben. 30–40 Minuten backen, bis sich die Füllung leicht gesetzt hat.

6 Während des Backens eine Papierschablone nach der Vorlage auf Seite 115 anfertigen. Sobald die Torte fertig gebacken ist, Schablone auf die Mitte legen. Puderzucker in ein kleines Sieb geben und über die Schablone streuen. Anschließend vorsichtig die Schablone entfernen – das geht am einfachsten, wenn du ein Tortenmesser unter die Schablone gleiten lässt und das Papier schnell abhebst.

TIPP

Wir haben unsere Torte mit dem Hufflepuff-Dachs verziert (Vorlage siehe Seite 115), aber du kannst genauso gut den Gryffindor-Löwen, den Ravenclaw-Raben oder die Slytherin-Schlange nehmen.

SCHON GEWUSST?

Siruptorten kann man sowohl warm als auch kalt servieren.

Fliegende Schlüssel

16-18 STÜCK | 45 MIN. | 10 MIN.

Im ersten Film müssen Harry, Ron und Hermine eine Reihe von gefährlichen Hindernissen überwinden, darunter auch Professor Flitwicks fliegende Schlüssel, die der Zauberer mit einem Flugzauber belegt hat. Mit diesem Rezept kannst du dir deine eigenen Schlüssel zaubern – in Form von Keksen. Sie können zwar nicht fliegen, schmecken aber so nussig lecker, dass du glaubst, du schwebst.

V GF

FÜR DEN TEIG

Eiweiß von 1 großen Ei

50 g brauner feiner Zucker

55 g gemahlene Haselnüsse

FÜR DIE DEKORATION

einige Blätter Reispapier

1 Tube goldene Schreibglasur

SPEZIALAUSSTATTUNG

Spritzbeutel aus Papier oder Plastik

runde Spritztülle (0,5 cm)

1 Backofen auf 180 °C/Gas Stufe 3 vorheizen. Papierschablonen für die geflügelten Schlüssel nach den Vorlagen auf Seite 116 anfertigen. Ein großes Blech mit Backpapier auslegen.

2 Eiweiß in einer sauberen Schüssel sehr steif aufschlagen. Zucker löffelweise nach und nach zugeben und einarbeiten, bis die Masse dick und glänzend ist. Gemahlene Haselnüsse einrühren. Mischung in einen Spritzbeutel mit runder Tülle füllen.

3 Schlüsselschablone unter das Backpapier schieben und die Masse aufspritzen, dabei mit dem Kreis an der Spitze beginnen, dann eine gerade Linie nach unten und am Ende zur Seite ziehen. Vorlage verschieben und weitere Schlüssel auf dieselbe Weise aufspritzen.

4 Etwa 10 Minuten goldbraun und leicht knusprig backen. Komplett abkühlen lassen, dann vorsichtig vom Backpapier heben.

5 Mithilfe der Schablone die Flügel aus Reispapier ausschneiden, am besten mehrere Lagen auf einmal. Mit der goldenen Schreibglasur wie abgebildet feine Linien auf den Keksen ziehen. Flügel mit einem Klecks Glasur befestigen und nach Belieben einige Flügel nach oben biegen.

ÜBRIGENS …

Der Schauspieler Warwick Davis, der Filius Flitwick spielt, leiht in den Harry-Potter-Filmen seine Stimme auch dem Kobold Griphook.

THE MONSTER BOOK OF
MONSTERS

MONSTERBUCH DER MONSTER

FÜR 12–14 | 2 ½–3 STUNDEN PLUS ABKÜHLZEIT | 45–50 MIN.

Das Monsterbuch der Monster von Edwardus Lima ist für alle Schüler im dritten Schuljahr Pflicht. Es ist ebenso empfindsam wie die fantastischen Geschöpfe auf seinen Seiten – und obendrein ausgesprochen übellaunig. Als Torte kann es dir zwar nicht die Finger abbeißen, wir empfehlen dir aber trotzdem, über den Buchrücken zu streichen, bevor du ein Stück abschneidest. Für alle Fälle!

V

1 Backofen auf 160 °C/Gas Stufe 2 vorheizen. Die Kuchenform einfetten und mit Backpapier auslegen. Butter, Zucker, Vanille und Zimt zu einer hellgelben, cremigen Masse aufschlagen. Die Eier nach und nach einarbeiten, einen Löffel Mehl zugeben, sollte die Masse zu gerinnen drohen. Zerdrückte Bananen einrühren, Mehl und Backpulver zugeben und gut einarbeiten.

2 In die Form gießen und Oberfläche glatt streichen. 45–50 Minuten backen, bis die Masse aufgegangen und goldbraun ist. Die Oberfläche sollte sich gerade fest anfühlen. 5 Minuten in der Form ruhen lassen und dann zum Abkühlen auf ein Kuchengitter stürzen.

3 Für die Glasur Zucker und Butter zu einer hellen, cremigen Masse aufschlagen. An einer Seite des Kuchenquadrats einen 4 cm breiten Streifen abschneiden, am schmalen Ende anfügen und das überstehende Stück abschneiden. Das so entstandene Rechteck stellt die Buchseiten dar. Auf ein Servierbrett heben und die beiden Teile mit Glasur verbinden. Oben und an den Rändern ebenfalls dünn mit Glasur bestreichen.

4 Auf einer mit Puderzucker bestäubten Arbeitsfläche etwas braune Lebensmittelfarbe in den weißen Fondant kneten, sodass er beige wird. Die Hälfte des Fondants zu dünnen Streifen ausrollen. Vorne und an den Schmalseiten des Buches anlegen, damit es wie der untere Buchdeckel aussieht, und mit dem feuchten Pinsel vorsichtig festdrücken. Nicht verwendete Fondantabschnitte beiseitestellen.

5 Die andere Fondanthälfte zum Rechteck ausrollen, das etwas größer ist als der Kuchen. Als oberen Buchdeckel auf den Kuchen legen und leicht andrücken.

6 Um die Buchseiten zwischen dem oberen und unteren Buchdeckel anzudeuten, mit dem Messerrücken vorne und an den Schmalseiten des Kuchenblocks feine waagrechte Linien in die Glasur ritzen.

Weiter geht's auf der nächsten Seite.

FÜR DIE MASSE

195 g weiche Butter, plus Butter zum Einfetten
200 g feiner Zucker
2 TL Vanilleextrakt
1 TL gemahlener Zimt
3 große Eier, verquirlt
3 mittlere Bananen, zerdrückt
220 g Mehl
2 TL Backpulver

FÜR DIE GLASUR

315 g Puderzucker
65 g weiche Butter

FÜR DIE DEKORATION

Puderzucker zum Bestäuben
natürliche schwarze und braune Lebensmittelfarbe
675 g weißer Fondant
50 g schwarzer Fondant
50 g brauner Fondant
1 kleines Stück roter Fondant
1 kleines Stück weißer Fondant
flüssige goldene Lebensmittelfarbe

SPEZIALAUSSTATTUNG

feiner Pinsel
runde Spritztülle (0,5 cm)
großer Spritzbeutel
quadratische Kuchenform (20 cm)

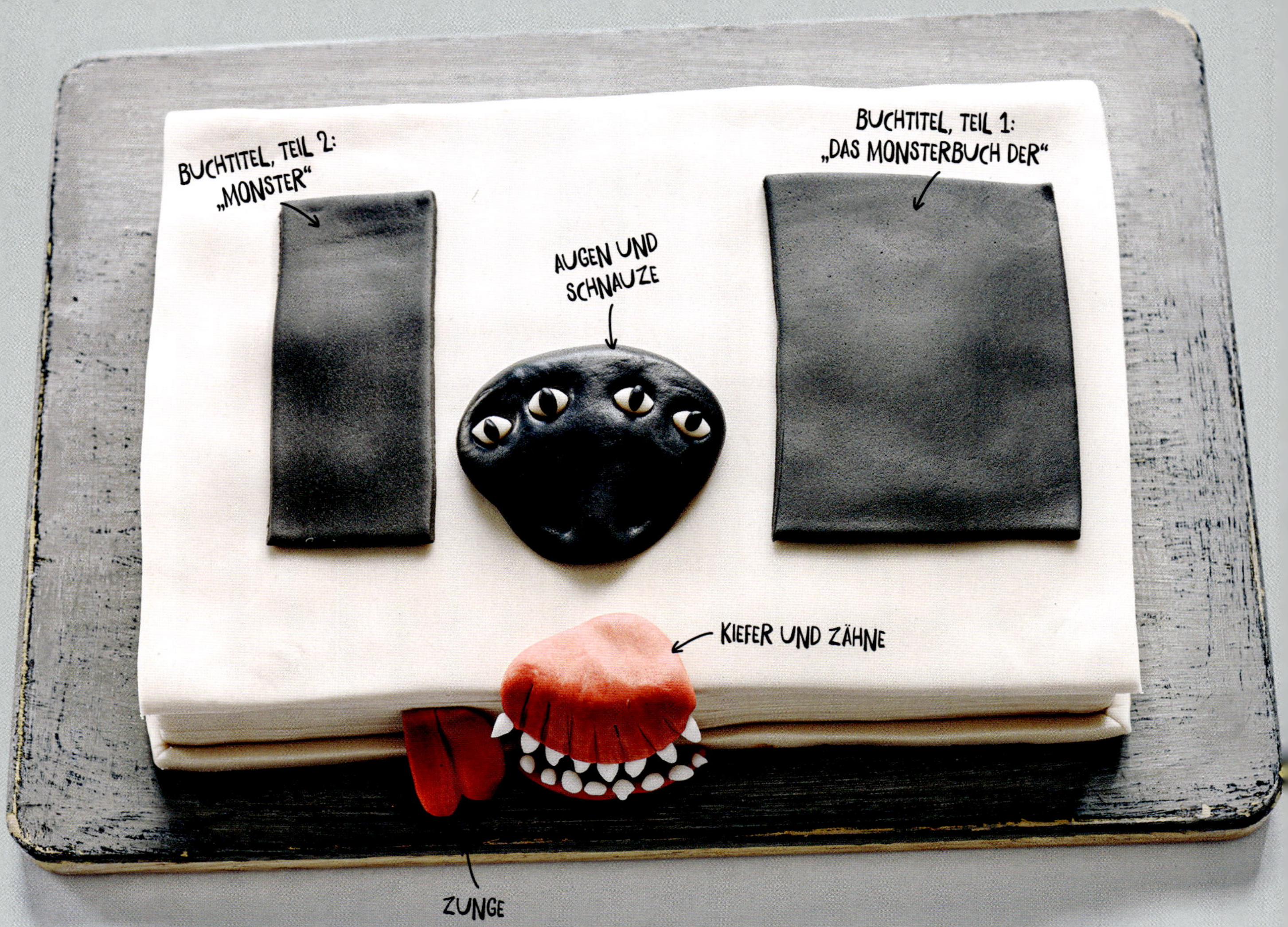

TIPP

Gesicht und Kiefer zu formen, braucht etwas Geduld, aber die Mühe lohnt sich. Forme den Fondant immer wieder, bis du mit dem Ergebnis zufrieden bist.

Bewahre den Fondant, den du gerade nicht verwendest, immer in Folie verpackt auf, damit er nicht austrocknet.

7 Ein erbsengroßes Stück schwarzen Fondant beiseitelegen, Rest mit braunem Fondant verkneten. Die Hälfte davon auf einer mit Puderzucker bestäubten Arbeitsfläche auf zwei Rechtecke ausrollen (9,5 x 4 cm und 9,5 x 7,5 cm). Das größere auf die obere Hälfte des Buches legen, das kleinere auf die untere Hälfte – darauf wird später der Buchtitel geschrieben.

8 Abschnitte mit restlichem Fondant verkneten und ein Monstergesicht formen, oben breiter, unten leicht zugespitzt für die Schnauze. Zwischen den beiden Rechtecken auf den Kuchen setzen. Vier erbsengroße Kugeln aus den beiseitegestellten weißen Fondantabschnitten als Augen positionieren und mit einem feuchten Pinsel befestigen. Winzige Kugeln aus schwarzem Fondant als Pupillen anbringen.

9 Für Ober- und Unterkiefer zwei Halbkreise aus rotem Fondant formen und spitze Zähne aus weißem Fondant einsetzen. Rote Fondantreste ausrollen und zur herausgestreckten Zunge formen; als Lesezeichen neben dem Kiefer befestigen. Mit einem feinen Pinsel und goldener Lebensmittelfarbe „Das Monsterbuch der Monster“ auf die Fondantrechtecke schreiben.

10 Restliche Glasur auf zwei Schüsseln verteilen, einen Teil mit schwarzer Lebensmittelfarbe grau, den anderen braun einfärben. Abwechselnd graue und braune Glasur in einen großen Spritzbeutel mit runder Tülle füllen und Kleckse an der oberen und unteren Kante des Buches aufspritzen. Wenn möglich, den Spritzbeutel so abziehen, dass die Glasurkleckse leicht über den Buchdeckel hinausragen.

11 Rest der Glasur über die Oberfläche und den Buchrücken verteilen. Als Abschluss mit einer Gabel durch die Glasur fahren, damit sie wie zotteliges Fell aussieht.

ÜBRIGENS …

Die Grafikerin Miraphora Mina erstellte einige Versionen vom *Monsterbuch der Monster* für *Harry Potter und der Gefangene von Askaban*, darunter auch eine mit Krallen an den Füßen und einem stachelbewehrten Schwanz.

Wer (vorsichtig!) einen Blick in die Filmversion vom *Monsterbuch der Monster* riskiert, findet zum Beispiel Seiten mit Hippogreifen, Hauselfen und Alraunenwurzeln.

DUMBLEDORES ZITRONENBRÖTCHEN

14 STÜCK | 30 MIN. PLUS GEHZEIT | 10 MIN.

Es gibt drei Dinge, die jeder über Albus Dumbledore weiß: Er ist stolz darauf, auf einer Schokofrosch-Karte zu sein. Er ist der einzige Zauberer (außer Harry), den Lord Voldemort fürchtet. Und er hat eine schreckliche Schwäche für Süßigkeiten, ganz besonders für Zitronenbrausebonbons. Unsere zauberhaften Zitronenbrötchen würden ihm sicher auch schmecken – denn sie sind ungeheuerlich säuerlich!

V

FÜR DEN TEIG

440 g Weizenmehl (Type 812)
½ TL Salz
55 g kalte Butter, gewürfelt
1 ½ TL Trockenhefe
70 g feiner Zucker
2 große Eier, verquirlt
50 ml Milch, erwärmt

ABSCHLUSS

14 Kaubonbons mit Zitronengeschmack
220 g Puderzucker
2 EL Zitronensaft
1 Spritzer natürliche gelbe Lebensmittelfarbe

1 Mehl und Salz in einer Schüssel mit der Butter zwischen den Fingerspitzen verreiben. Hefe, Zucker, Eier und Milch zugeben und in der Küchenmaschine mit dem Knethaken zu einem Teig verkneten. Sollte er zu trocken oder krümelig sein, etwas Wasser zufügen.

2 Auf eine bemehlte Arbeitsfläche stürzen und 10 Minuten zu einem glatten, geschmeidigen Teig kneten. In eine leicht mit Öl eingefettete Schüssel geben, mit Frischhaltefolie abdecken und an einem warmen Ort etwa 1 ½ Stunden gehen lassen, bis der Teig die doppelte Größe erreicht hat.

3 Ein großes Blech mit Backpapier auslegen. Teig nochmals verkneten, auf eine bemehlte Arbeitsfläche stürzen und in 14 gleich große Stücke teilen.

4 Ein Stück zu einem flachen Oval formen und ein Kaubonbon der Länge nach in die Mitte legen. Teig darüberschlagen und mit der Teignaht nach unten auf das Blech legen. Mit den restlichen Teigstücken genauso verfahren.

5 Locker mit leicht eingefetteter Frischhaltefolie abdecken und an einem warmen Ort 30–40 Minuten gehen lassen. Backofen auf 200 °C/Gas Stufe 4 vorheizen.

6 10 Minuten goldgelb backen. Auf einem Kuchengitter abkühlen lassen.

7 Puderzucker mit 1 ½ EL Zitronensaft verrühren. Einen Spritzer gelbe Lebensmittelfarbe und tropfenweise Zitronensaft zugeben, bis die Glasur weich ist und den Rücken eines Löffels dick überzieht. Brötchen damit bestreichen.

ÜBRIGENS …

„Scherbert Zitrone" ist das Passwort zu Dumbledores Büro in Harrys zweitem Schuljahr in Hogwarts.

TIPP

Vorsicht! Versuche niemals, in diese Brötchen zu beißen, wenn sie direkt aus dem Ofen kommen! Die Füllung ist sehr heiß!

TIPP

Mit etwas essbarem Glitter verleihst du den Brötchen magischen Glanz!

KNUDDELMUFF-WINDBEUTEL

8 STÜCK | **1 STUNDE PLUS ABKÜHLZEIT** | **25 MIN.**

Fred und George Weasley züchten Minimuffs, kleine Knuddelmuffs, und verkaufen die liebenswürdigen Wesen in ihrem Laden für magische Scherzartikel. Sie haben uns auf die Idee für diese Leckerei gebracht. Eigentlich sind unsere Knuddelmuffs viel zu süß (na ja, eine Prise Salz ist auch dabei), um gegessen zu werden. Aber kaum hat man einen verdrückt, will man auch schon den nächsten vernaschen.

V

FÜR DEN TEIG

65 g Mehl, plus 1 EL Mehl
55 g Butter, gewürfelt
2 EL feiner Zucker
1 großzügige Prise Salz
2 große Eier, verquirlt

FÜR DIE CREME

310 ml Milch
3 große Eigelbe
3 EL feiner Zucker
2 TL Vanilleextrakt
3 EL Maisstärke
120 g Sahne
100 g Honigwaben, in groben Stücken

FÜR DIE DEKORATION

1 Tube weiße Schreibglasur
16 Zuckeraugen zum Dekorieren
370 g Sahne
1 ½ EL Puderzucker
rosa Lebensmittelfarbe

SPEZIALAUSSTATTUNG

runde Spritztülle (1 cm)
Sterntülle (0,5 cm)
2 große Spritzbeutel aus Papier oder Plastik

Laut Luna Lovegood singen Knuddelmuffs bekanntlich am 26. Dezember.

1 Backofen auf 200 °C/Gas Stufe 4 vorheizen. Ein Blech mit Backpapier auslegen. Mehl auf ein quadratisches Stück Backpapier sieben.

2 Butter, Zucker und Salz in einem kleinen Topf mit 150 ml Wasser langsam erhitzen, bis die Butter schmilzt. Zum Kochen bringen und das Mehl vom Backpapier zugeben. Vom Herd nehmen und mit einem Holzlöffel zu einer dicken Paste verrühren. 5 Minuten abkühlen lassen.

3 Etwas Ei zugeben und einrühren, bis es ganz von der Paste aufgenommen ist. Verquirlte Eier nach und nach zugeben und zu einem dicken, glänzenden Teig verarbeiten. In einen großen Spritzbeutel mit runder Tülle füllen. Den gesamten Teig mit großzügigem Abstand in acht große, längliche Ovale auf das Backblech spritzen.

4 25 Minuten backen, bis die Windbeutel aufgegangen und goldbraun sind. Auf einer Seite einen kleinen Schlitz machen, um den Dampf austreten zu lassen, damit sie nicht matschig werden. Auf einem Kuchengitter komplett abkühlen lassen.

5 In der Zwischenzeit die Füllung zubereiten. Milch in einem kleinen Topf zum Köcheln bringen. Eigelbe, Zucker, Vanille und Maisstärke in einer Schüssel glatt rühren. In die heiße Milch geben und dabei kräftig umrühren.

6 Wieder erhitzen und unter ständigem Rühren die Masse dick einkochen. In eine Schüssel geben und die Oberfläche mit Frischhaltefolie abdecken, damit sich keine Haut bildet. Abkühlen lassen.

7 120 g Sahne in einer Schüssel steif schlagen. Mit den Honigwaben in die Creme einrühren und Windbeutel damit füllen.

8 Mit weißer Schreibglasur zwei Augen an einem Ende jedes Windbeutels befestigen. Sahne, Zucker und einen Spritzer rosa Lebensmittelfarbe in einer Schüssel cremig schlagen. In einen Spritzbeutel mit Sterntülle füllen und kleine Kleckse als Fell auf den Windbeuteln verteilen. Bis zum Servieren kalt stellen.

ÜBRIGENS …

Mit ihrem fluffigem Fell sind die süßen Knuddelmuffs vor allem bei Mädchen beliebt. In *Harry Potter und der Halbblutprinz* kauft Ginny Weasley sich einen Minimuff und nennt ihn Arnold.

SCHON GEWUSST? Windbeutel, auch Brandteigkrapfen, Ofenküchlein und Profiteroles genannt, werden süß oder pikant gefüllt.

STRICKPULLOVER-KEKSE

12 STÜCK | 1 STUNDE PLUS KÜHLZEIT | 15 MIN.

Molly Weasley strickt ihre Pullover mit viel Liebe, und im ersten Film ist Harry sehr gerührt, auch einen zu bekommen – es ist eines seiner ersten richtigen Geschenke! Mit diesem einfachen Rezept kannst du deiner ganzen Familie und all deinen Freunden selbst gemachte Pullover schenken – zu Weihnachten oder einfach nur so.

V GF

FÜR DEN TEIG

150 g weiche Butter

85 g Puderzucker

1 großzügige Prise Salz

2 TL gemahlener Ingwer

2 große Eigelbe

220 g glutenfreies Mehl

1 ½ TL Xanthan

FÜR DIE DEKORATION

85 g weiche Butter

220 g Puderzucker

natürliche grüne und rote Lebensmittelfarbe

1 Tube goldene oder gelbe Schreibglasur

SPEZIALAUSSTATTUNG

2 kleine Spritzbeutel aus Papier oder Plastik

Flechtwerktülle

1 Butter, Zucker, Salz und Ingwer zu einer hellgelben, cremigen Masse schlagen. Nach und nach die Eigelbe einarbeiten. Mehl und Xanthan zugeben und zu einem festen Teig verarbeiten. Abdecken und 2 Stunden kalt stellen.

2 Ein großes Blech mit Backpapier auslegen. Eine Schablone für die Pullover nach der Vorlage auf Seite 116 anfertigen. Teig auf einer leicht bemehlten Arbeitsfläche ausrollen und Schablone darauflegen. Pullover mit einem scharfen Messer ausschneiden, auf das Blech legen und 30 Minuten kalt stellen. Backofen auf 180 °C/Gas Stufe 3 vorheizen.

3 Kekse 15 Minuten backen, bis sie an den Rändern goldbraun sind. Auf dem Blech abkühlen lassen.

4 Für die Dekoration Butter und Zucker in einer Schüssel cremig rühren. Die Hälfte der Masse in eine separate Schüssel geben. Die eine Hälfte mit grüner, die andere mit roter Lebensmittelfarbe einfärben. Die grüne Glasur in einen Spritzbeutel mit Flechtwerktülle füllen. Glasur auf die Hälfte der Kekse spritzen, dabei mit den Ärmeln beginnen und mit dem Kragen aufhören.

5 Tülle auswaschen und auf dem Spritzbeutel mit der roten Glasur befestigen. Mit den restlichen Keksen wie oben beschrieben verfahren.

6 Mit der Schreibglasur ein „H" auf die grünen und ein „R" auf die roten Kekse schreiben. Bis zum Servieren kalt stellen.

TIPP

Diese Kekse kannst du einen Tag im Voraus backen und in einem luftdicht verschlossenen Behälter aufbewahren, so werden sie nicht weich. Erst am Tag des Servierens dekorieren.

SCHON GEWUSST?

Käsekuchen war bereits bei den alten Griechen beliebt. Das älteste überlieferte Rezept ist 2500 Jahre alt!

FUCHSBAU-SCHOKO-KÄSEKUCHEN

FÜR 10-12 | 1-1 ½ STUNDEN PLUS KÜHLZEIT | ETWA 1 STUNDE

Baufällig und chaotisch (wegen der sieben Kinder!), aber auch fröhlich und voller Wärme ist der Fuchsbau, das Zuhause der Weasleys – ein Platz, an dem Harry sich immer willkommen fühlt. Mit diesem fabelhaften Rezept kannst du den Fuchsbau mit seinen wackelig übereinander aufgetürmten Stockwerken als Käsekuchen nachbilden. Statt mit Zauberei wird er mit Waffelröllchen zusammengehalten. Mmh!

V

FÜR BODEN UND FÜLLUNG

- 85 g Butter, gewürfelt
- 300 g Schoko-Doppelkekse
- 450 g weiße Kuvertüre, gehackt
- 510 g Frischkäse
- 3 große Eier
- 150 g Sahne

FÜR DIE DEKORATION

- 10 Schoko-Waffelröllchen
- 1 Tube Schoko-Schreibglasur

SPEZIALAUSSTATTUNG

quadratische Backform (20 cm)

1 Backofen auf 160 °C/Gas Stufe 2 vorheizen. Boden und Wände der Backform mit Backpapier auslegen. Für den Boden des Käsekuchens Butter in einem Topf zerlassen.

2 Einen Doppelkeks beiseitelegen. Restliche Kekse in einem Plastikbeutel mit dem Nudelholz fein zerkrümeln. Zur Butter geben und gut verrühren. 3 EL der Mischung beiseitestellen, den Rest fest in die Backform drücken und kalt stellen, während die Füllung zubereitet wird.

3 Kuvertüre schmelzen. Frischkäse in einer Schüssel glatt rühren, dann nach und nach Eier und Sahne zugeben. Schokolade einrühren und in einer gleichmäßigen Schicht auf den Kuchenboden streichen.

4 1 Stunde backen, bis sich der Kuchen gerade fest anfühlt (beim Abkühlen wird er fester). Über Nacht abkühlen lassen (siehe Tipp).

5 Käsekuchen auf ein Brett heben und Backpapier an den Seiten abziehen. Den Käsekuchen in Stücke schneiden (siehe Seite 114, Diagramm 1 – Messerschneide nach jedem Schnitt abwischen!) und auf einem Tablett zusammenbauen (siehe Seite 114, Diagramm 2 – braun markierte Teile umdrehen!).

Weiter geht's auf der nächsten Seite.

TIPP

Den Käsekuchen macht man am besten einen Tag im Voraus, damit er sich über Nacht setzen kann. So lässt er sich leichter schneiden.

6 Die einzelnen Kuchenteile wie auf dem Foto abgebildet mit Waffelröllchen zusammenbauen. Mit der Schoko-Schreibglasur Fenster und Türen auf den Kuchen zeichnen.

7 Den beiseitegestellten Doppelkeks halbieren und oben an der Eingangstür bzw. am oberen Fenster anbringen. Aus einem kleinen Stück Kuchenboden den Türgriff formen. Restliche Krümel unten um das Haus verstreuen. Bis zum Servieren kühl stellen.

TIPP

Wenn du keine Schoko-Schreibglasur bekommst, kannst du etwas Vollmilchschokolade schmelzen und in einen Spritzbeutel füllen. Eine Ecke abschneiden und die Schokolade in einer dünnen Linie herausdrücken.

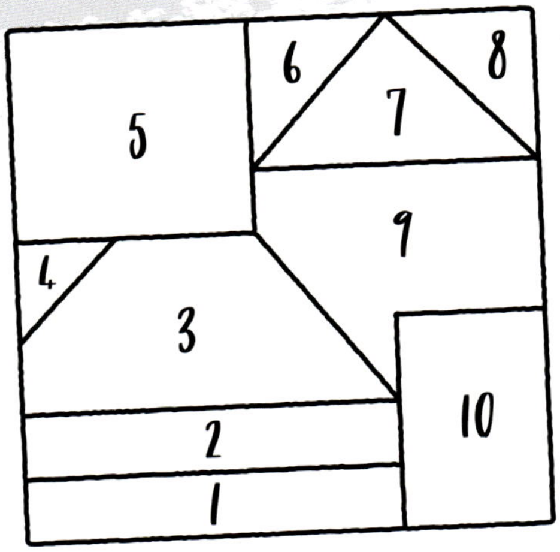

DIAGRAMM 1 zeigt dir, wie du den Käsekuchen zuschneiden musst.

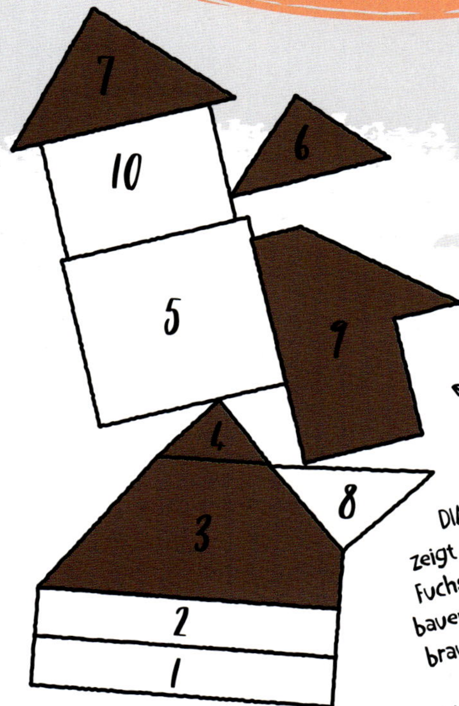

DIAGRAMM 2 zeigt dir, wie du den Fuchsbau zusammenbauen musst. Drehe die braun markierten Teile um, sodass die Unterseite oben liegt.

ÜBRIGENS …

In *Harry Potter und der Halbblutprinz* wird der Fuchsbau von Todessern niedergebrannt. Statt die aufgebaute Kulisse zu zerstören, die man ja noch brauchen würde, baute das Produktionsteam eine Kopie, die zwei Drittel kleiner war. „Es dauerte 6 Monate, bis sie aufgebaut war, und 6 Minuten, um sie niederzubrennen“, erinnert sich Gary Tomkins, der Assistent des künstlerischen Leiters.

VORLAGEN

Einfach die Vorlagen auf Papier abpausen und Schablonen ausschneiden.

Entlang der durchgezogenen Linien ausschneiden; Teile zwischen den gestrichelten Linien entfernen.

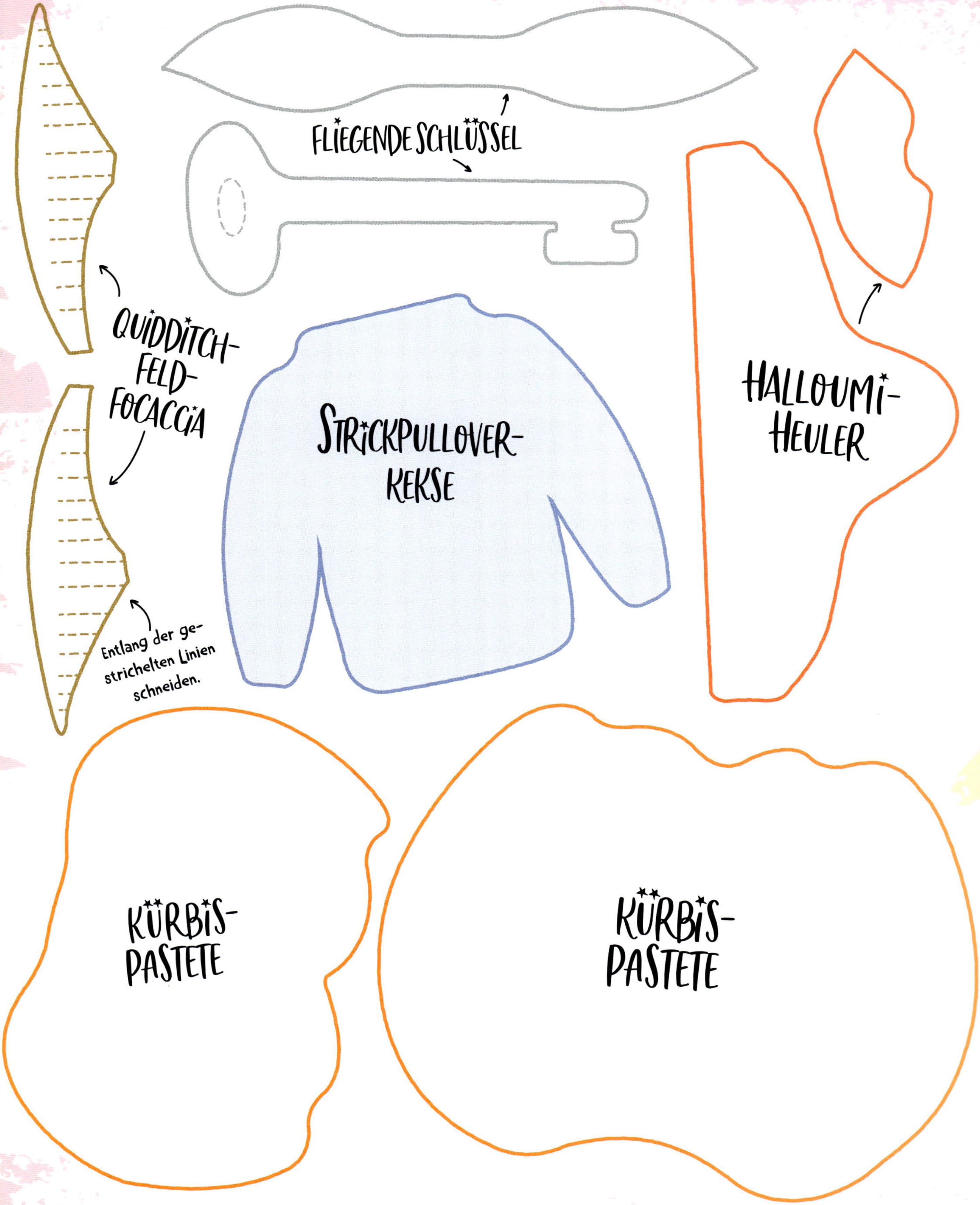
FLIEGENDE SCHLÜSSEL
QUIDDITCH-FELD-FOCACCIA
Entlang der gestrichelten Linien schneiden.
STRICKPULLOVER-KEKSE
HALLOUMI-HEULER
KÜRBIS-PASTETE
KÜRBIS-PASTETE

LUNAS GESPENSTERBRILLEN-KEKSE

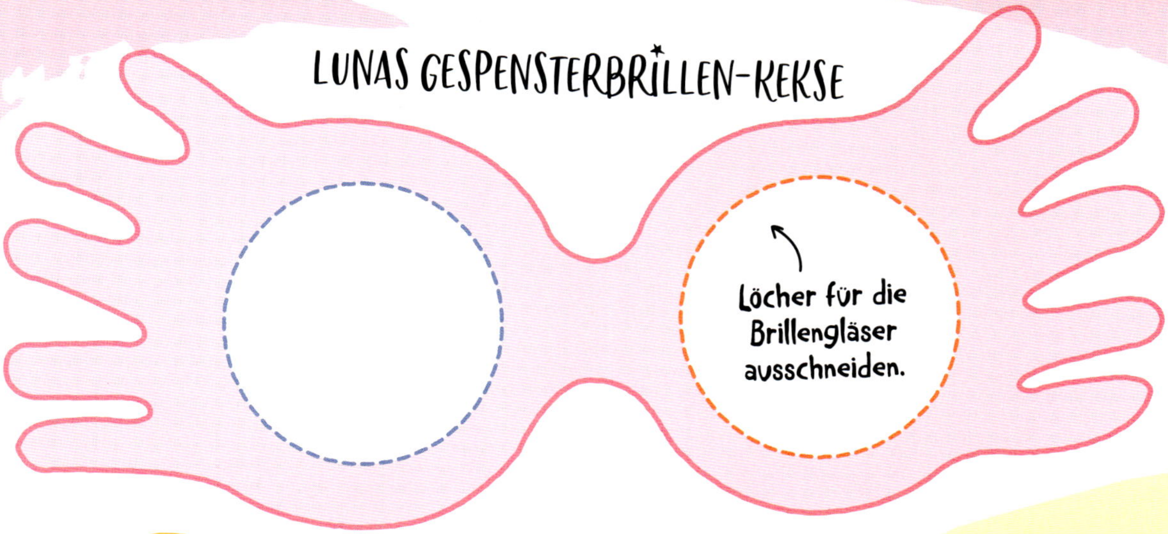

HOGWARTS-WAPPEN-TARTE

Hogwarts-Wappen-Tarte

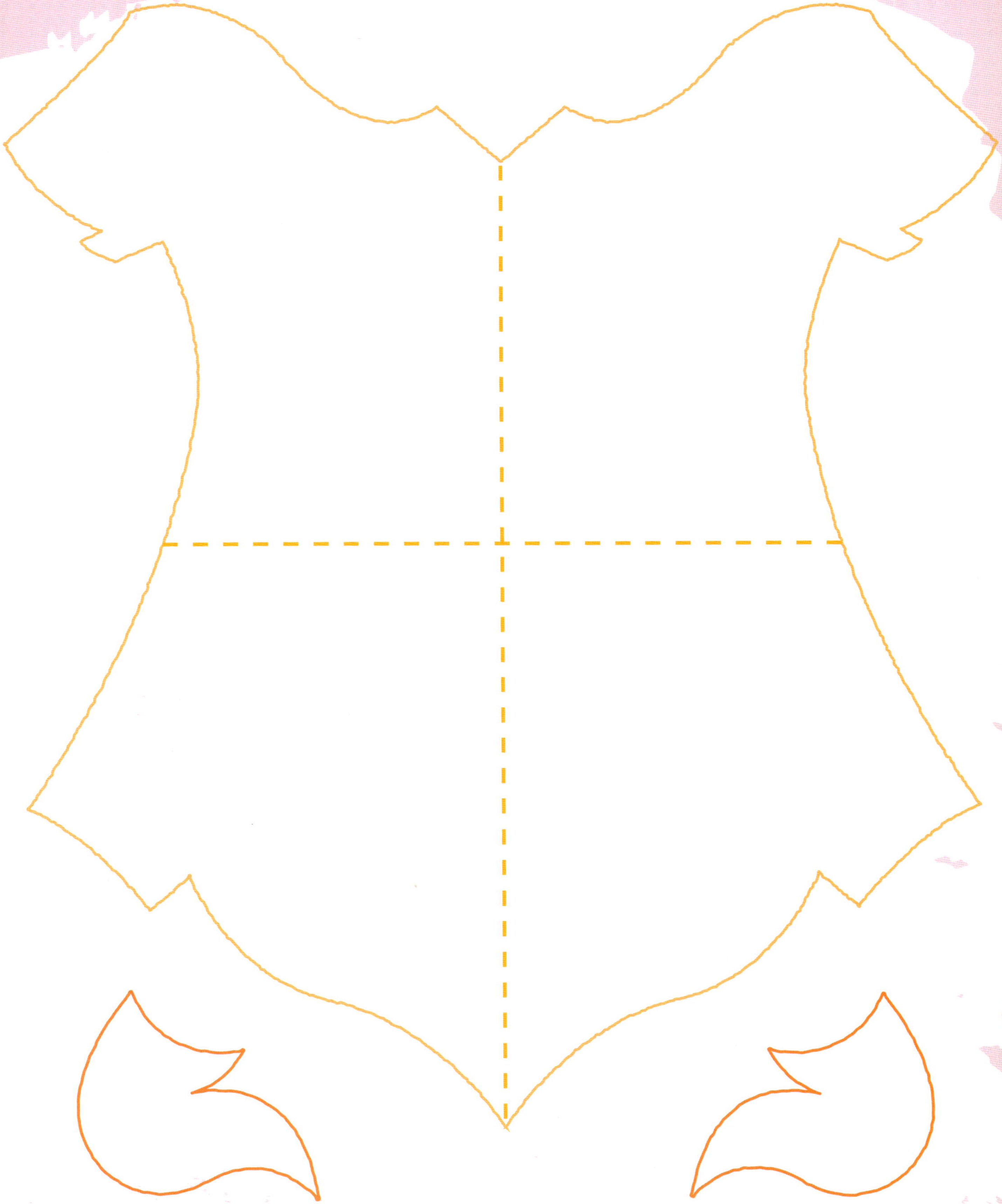

Torbogen

Dach der Großen Halle
x 2

Hogwarts-Lebkuchen-Schloss

Dach der Schule für Hexerei und Zauberei
x 2

Seitenwand des Hauptturms
x 4

Seitenwand der Großen Halle
x 2

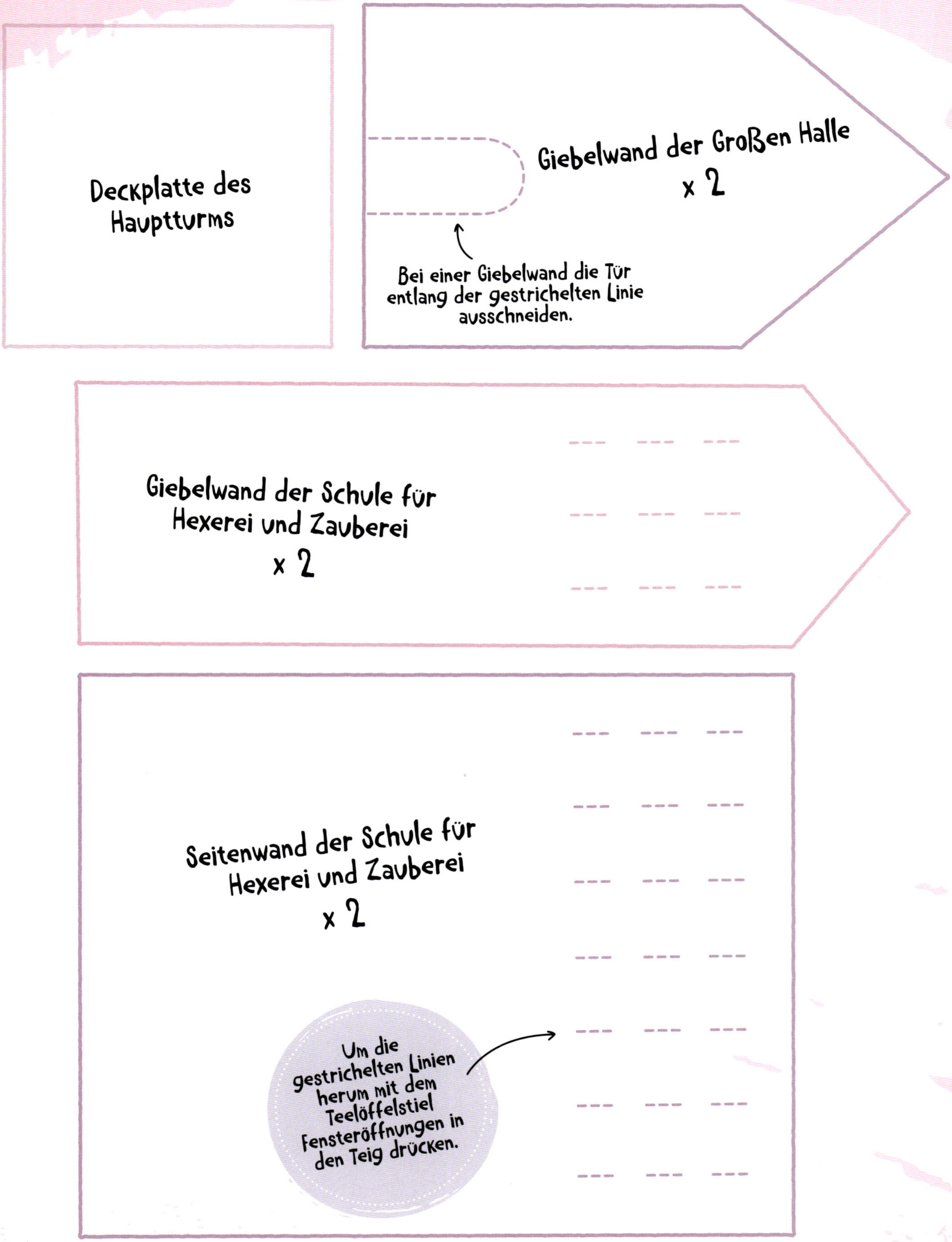
Deckplatte des Hauptturms
Giebelwand der Großen Halle x 2
Bei einer Giebelwand die Tür entlang der gestrichelten Linie ausschneiden.
Giebelwand der Schule für Hexerei und Zauberei x 2
Seitenwand der Schule für Hexerei und Zauberei x 2
Um die gestrichelten Linien herum mit dem Teelöffelstiel Fensteröffnungen in den Teig drücken.

REGISTER

A

Ahornsirup
Yorkshire Pudding 58
Zauberschachbrett 90

Alraunen-Hefezopf 94

Antiobskuranten-Scones 48

Auberginen
Halloumi-Heuler 44
Hogwarts-Wappen-Tarte 24

B

Baisers
Haus-Baisers à la Hogwarts 92

Bananen
Haus-Baisers à la Hogwarts 92
Monsterbuch der Monster 102

Blätterteig
Hogwarts-Wappen-Tarte 24
Nussige Drachen-Nester 60
Peitschende-Weide-
Käsegebäck 46
Zauberhüte 22

Blaubeeren
Antiobskuranten-Scones 48
Haus-Baisers à la Hogwarts 92

Blitz-Brote 12

Brandteig
Knuddelmuff-Windbeutel 108

Bratwürstchen
Zauberhüte 22

Brezel
Teufelsschlingen-Brezel 38

Brot
Blitz-Brote 12
Gleis-neundreiviertel-
Polentakuchen 52
Heiligtümer-des-Todes-Brot 36
Mimbulus mimbeltonia-Brot 16
Quidditch-Feld-Focaccia 40
Salazar Slytherins Schlange 18

Brötchen
Dumbledores
Zitronenbrötchen 106

Brownie-Zauberkessel 80

Brunnenkresse
Kürbispasteten 32

Buttermilch
Gleis-neundreiviertel-
Polentakuchen 52
Hermines Perlentasche 88

C

Cashewkerne
Nussige Drachen-Nester 60

Champignons
Große-Halle-
Hähnchenpastete 56
Kürbispasteten 32

Cheddar
Blitz-Brote 12
Gleis-neundreiviertel-
Polentakuchen 52
Hogwarts-Wappen-Tarte 24
Nimbus-2000-Käsestangen 26
Quidditch-Feld-Focaccia 40

Cracker
Zeitumkehrer-Cracker 50

Creme
Knuddelmuff-Windbeutel 108
Verbotener-Wald-Kuchen 74

Cupcakes
Hauselfen-Cupcakes 86
Sprechender-Hut-Cupcakes 84

D

Dumbledores
Zitronenbrötchen 106

E

Eier
Alraunen-Hefezopf 94
Antiobskuranten-Scones 48
Dumbledores
Zitronenbrötchen 106
Fliegende Schlüssel 100
Fuchsbau-Schoko-Käsekuchen 112
Gleis-neundreiviertel-
Polentakuchen 52
Große-Halle-
Hähnchenpastete 56
Gryffindor-Schwert-Kekse 66
Hagrids Stein-Kekse 82
Halloumi-Heuler 44
Haus-Baisers à la Hogwarts 92
Hauselfen-Cupcakes 86
Hermines Perlentasche 88
Hogwarts-Lebkuchenschloss 68
Hogwarts-Siruptorte 98
Hogwarts-Wappen-Tarte 24
Knuddelmuff-Windbeutel 108

Kürbispasteten 32
Lunas Gespensterbrillen-Kekse 64
Mimbulus mimbeltonia-Brot 16
Monsterbuch der Monster 102
Nicolas-Flamel-Taschen 34
Nimbus-2000-Käsestangen 26
Nussige Drachen-Nester 60
Peitschende Weide-Käsegebäck 46
Salazar Slytherins Schlange 18
Sprechender-Hut-Cupcakes 84
Strickpullover-Kekse 110
Verbotener-Wald-Kuchen 74
Wassermenschen-Tarte 28
Yorkshire Pudding 58
Zauberhüte 22
Zeitumkehrer-Cracker 50
Siehe auch Eiweiß; Eigelb

Eigelb
Halloumi-Heuler 44
Hermines Perlentasche 88
Hogwarts-Lebkuchenschloss 68
Hogwarts-Siruptorte 98
Hogwarts-Wappen-Tarte 24
Knuddelmuff-Windbeutel 108
Kürbispasteten 32
Lunas Gespensterbrillen-Kekse 64
Nimbus-2000-Käsestangen 26
Sprechender-Hut-Cupcakes 84
Strickpullover-Kekse 110
Wassermenschen-Tarte 28
Zeitumkehrer-Cracker 50

Eiweiß
Antiobskuranten-Scones 48
Fliegende Schlüssel 100
Gryffindor-Schwert-Kekse 66
Haus-Baisers à la Hogwarts 92
Lunas Gespensterbrillen-Kekse 64
Nussige Drachen-Nester 60

Erbsensprossen
Kürbispasteten 32

F

Feta
Kürbispasteten 32

Fladenbrot
Blitz-Brote 12
Heiligtümer-des-Todes-Brot 36
Quidditch-Feld-Focaccia 40

Fleisch
Große-Halle-Hähnchenpastete 56
Yorkshire Pudding 58
Siehe auch Bratwürstchen; Hackfleisch; Hähnchen; Speck

Filoteig
Halloumi-Heuler 44

Fliegende Schlüssel 100

Fondant
Brownie-Zauberkessel 80
Hauselfen-Cupcakes 86
Hermines Perlentasche 88
Hogwarts-Lebkuchenschloss 68
Monsterbuch der Monster 102

Frischkäse
Fuchsbau-Schoko-Käsekuchen 112
Heiligtümer-des-Todes-Brot 36
Hermines Perlentasche 88
Quidditch-Feld-Focaccia 40
Salazar Slytherins Schlange 18
Sprechender-Hut-Cupcakes 84
Zeitumkehrer-Cracker 50

Frühlingszwiebeln
Gleis-neundreiviertel-Polentakuchen 52
Nimbus-2000-Käsestangen 26

Fuchsbau-Schoko-Käsekuchen 112

G

Gleis-neundreiviertel-Polentakuchen 52

Glutenfreies
Ernährungsflaggen 5
Fliegende Schlüssel 100
Gleis-neundreiviertel-Polentakuchen 52
Haus-Baisers à la Hogwarts 92
Hauselfen-Cupcakes 86
Herzhafte Eulen-Muffins 30
Nicolas-Flamel-Taschen 34
Nussige Drachen-Nester 60
Strickpullover-Kekse 110
Verbotener-Wald-Kuchen 74
Zauberschachbrett 90

Grissini
Zauberstab-Grissini 14

Große-Halle-Hähnchenpastete 56

Gryffindor-Schwert-Kekse 66

Gurken
Salazar Slytherins Schlange 18

H

Hackfleisch
Yorkshire Pudding 58

Hafermilch
Herzhafte Eulen-Muffins 30
Zauberstab-Grissini 14

Hagrids Stein-Kekse 82

Hähnchen
Große-Halle-Hähnchenpastete 56

Halloumi-Heuler 44

„Happee Birthdae Harry"-Torte 72

Haselnüsse
Fliegende Schlüssel 100
Nussige Drachen-Nester 60

Haus-Baisers à la Hogwarts 92

Hauselfen-Cupcakes 86

Hefe
Alraunen-Hefezopf 94
Blitz-Brote 12
Dumbledores Zitronenbrötchen 106
Honigtopf-Krapfenkuchen 78
Mimbulus mimbeltonia-Brot 16
Quidditch-Feld-Focaccia 40
Salazar Slytherins Schlange 18
Teufelsschlingen-Brezel 38
Zauberstab-Grissini 14

Heiligtümer-des-Todes-Brot 36

Hermines Perlentasche 88

Herzhafte Eulen-Muffins 30

Himbeeren
Haus-Baisers à la Hogwarts 92

Hogwarts-Lebkuchenschloss 68

Hogwarts-Siruptorte 98

Hogwarts-Wappen-Tarte 24

Honig
Hogwarts-Lebkuchenschloss 68
Nicolas-Flamel-Taschen 34
Yorkshire Pudding 58
Zauberschachbrett 90
Zeitumkehrer-Cracker 50

Honigtopf-Krapfenkuchen 78

Honigwaben
Knuddelmuff-Windbeutel 108

I

Ingwer
Hogwarts-Lebkuchenschloss 68
Strickpullover-Kekse 110

J

Joghurt
Heiligtümer-des-Todes-Brot 36
Nussige Drachen-Nester 60
Zauberstab-Grissini 14

K

Karotten
Hauselfen-Cupcakes 86

Kartoffeln
Antiobskuranten-Scones 48
Herzhafte Eulen-Muffins 30
Teufelsschlingen-Brezel 38
Zeitumkehrer-Cracker 50

Käse
Blitz-Brote 12
Fuchsbau-Schoko-Käsekuchen 112
Gleis-neundreiviertel-Polentakuchen 52
Halloumi-Heuler 44
Heiligtümer-des-Todes-Brot 36
Hermines Perlentasche 88
Hogwarts-Wappen-Tarte 24
Kürbispasteten 32
Nimbus-2000-Käsestangen 26
Quidditch-Feld-Focaccia 40
Peitschende Weide-Käsegebäck 46
Salazar Slytherins Schlange 18
Sprechender-Hut-Cupcakes 84
Wassermenschen-Tarte 28
Zauberstab-Grissini 14
Zeitumkehrer-Cracker 50
Siehe auch Cheddar; Feta; Frischkäse; Halloumi; Parmesan; Stilton; Ziegenfrischkäse

Käsegebäck
Peitschende Weide-Käsegebäck 46

Käsekuchen
Fuchsbau-Schoko-Käsekuchen 112

Kekse
Fliegende Schlüssel 100
Fuchsbau-Schoko-Käsekuchen 112
Gryffindor-Schwert-Kekse 66
Lunas Gespensterbrillen-Kekse 64
Sprechender-Hut-Cupcakes 84
Strickpullover-Kekse 110

Kichererbsen
Nicolas-Flamel-Taschen 34

Kiwis
Haus-Baisers à la Hogwarts 92

Kleingebäck
Antiobskuranten-Scones 48
Blitz-Brote 12
Brownie-Zauberkessel 80
Dumbledores Zitronenbrötchen 106
Fliegende Schlüssel 100
Gryffindor-Schwert-Kekse 66
Hagrids Stein-Kekse 82
Halloumi-Heuler 44
Haus-Baisers à la Hogwarts 92
Hauselfen-Cupcakes 86
Herzhafte Eulen-Muffins 30
Honigtopf-Krapfenkuchen 78
Knuddelmuff-Windbeutel 108
Kürbispasteten 32
Lunas Gespensterbrillen-Kekse 64
Nicolas-Flamel-Taschen 34
Nimbus-2000-Käsestangen 26
Nussige Drachen-Nester 60
Sprechender-Hut-Cupcakes 84
Strickpullover-Kekse 110
Yorkshire Pudding 58
Zauberhüte 22
Zauberschachbrett 90
Zauberstab-Grissini 14
Zeitumkehrer-Cracker 50

Knoblauch
Halloumi-Heuler 44
Nicolas-Flamel-Taschen 34
Quidditch-Feld-Focaccia 40
Teufelsschlingen-Brezel 38
Wassermenschen-Tarte 28

Knuddelmuff-Windbeutel 108

Konfitüre
Honigtopf-Krapfenkuchen 78

Kuchen
Gleis-neundreiviertel-Polentakuchen (herzhaft) 52

„Happee Birthdae Harry“-Torte 72
Hermines Perlentasche 88
Hogwarts-Lebkuchenschloss 68
Honigtopf-Krapfenkuchen 78
Monsterbuch der Monster 102
Verbotener-Wald-Kuchen 74
Zauberschachbrett 90

Kürbispasteten 32

Kuvertüre
Alraunen-Hefezopf 94
Fuchsbau-Schoko-Käsekuchen 112
Sprechender-Hut-Cupcakes 84
Verbotener-Wald-Kuchen 74

L

Lebkuchen
Hogwarts-Lebkuchenschloss 68

Lunas Gespensterbrillen-Kekse 64

M

Mais
Gleis-neundreiviertel-Polentakuchen 52
Wassermenschen-Tarte 28

Mandelmilch
Zauberstab-Grissini 14
Siehe auch Pflanzliche Milch

Mandeln
Gryffindor-Schwert-Kekse 66
Herzhafte Eulen-Muffins 30
Nussige Drachen-Nester 60
Salazar Slytherins Schlange 18

Milch
Alraunen-Hefezopf 94
Antiobskuranten-Scones 48
Dumbledores Zitronenbrötchen 106
Hagrids Stein-Kekse 82
Heiligtümer-des-Todes-Brot 36
Honigtopf Krapfenkuchen 78
Knuddelmuff-Windbeutel 108
Verbotener-Wald-Kuchen 74
Wassermenschen-Tarte 28
Yorkshire Pudding 58
Siehe auch Buttermilch; Hafermilch; Mandelmilch; Pflanzliche Milch; Reismilch

***Mimbulus mimbeltonia*-Brot 16**

Monsterbuch der Monster 102

Muffins
Herzhafte Eulen-Muffins 30

Mürbeteig
Große-Halle-Hähnchenpastete 56

N

Nicolas-Flamel-Taschen 34

Nimbus-2000-Käsestangen 26

Nüsse
Alraunen-Hefezopf 94
Brownie-Zauberkessel 80
Fliegende Schlüssel 100
Nussige Drachen-Nester 60
Siehe auch Cashewkerne; Haselnüsse; Mandeln; Paranüsse; Pekannüsse; Walnüsse

Nussige Drachen-Nester 60

O

Obst
Antiobskuranten-Scones 48
Haus-Baisers à la Hogwarts 92
Herzhafte Eulen-Muffins 30
Zauberschachbrett 90
Zeitumkehrer-Cracker 50
Siehe auch Bananen; Blaubeeren; Himbeeren; Kiwis; Orangen; Rosinen; Trauben; Zitronen

Oliven
Quidditch-Feld-Focaccia 40
Zauberstab-Grissini 14

Orangen
Zauberschachbrett 90

P

Paprikaschoten
Heiligtümer-des-Todes-Brot 36
Herzhafte Eulen-Muffins 30
Hogwarts-Wappen-Tarte 24
Mimbulus mimbeltonia-Brot 16

Paranüsse
Nussige Drachen-Nester 60

Parmesan
Peitschende-Weide-Käsegebäck 46
Zeitumkehrer-Cracker 50

Pasteten
Große-Halle-Hähnchenpastete 56
Hogwarts-Wappen-Tarte 24
Kürbispasteten 32

Peitschende-Weide-Käsegebäck 46

Pekannüsse
Brownie-Zauberkessel 80
Nussige Drachen-Nester 60

Pflanzliche Milch
Brownie-Zauberkessel 80
„Happee Birthdae Harry“-Torte 72
Teufelsschlingen-Brezel 38
Siehe auch Hafermilch; Mandelmilch; Reismilch

Polenta
Gleis-neundreiviertel-Polentakuchen 52

Q

Quidditch-Feld-Focaccia 40

R

Radieschen
Herzhafte Eulen-Muffins 30

Reismilch
Salazar Slytherins Schlange 18
Siehe auch Pflanzliche Milch

Rosinen
Hauselfen-Cupcakes 86

Rote Bete
„Happee Birthdae Harry“-Torte 72
Hermines Perlentasche 88
Nicolas-Flamel-Taschen 34

Rote Zwiebeln
Halloumi-Heuler 44

S

Sahne
Fuchsbau-Schoko-Käsekuchen 112
Große-Halle-Hähnchenpastete 56
Haus-Baisers à la Hogwarts 92
Knuddelmuff-Windbeutel 108
Verbotener-Wald-Kuchen 74
Wassermenschen-Tarte 28

Salazar Slytherins Schlange 18

Schalotten
Yorkshire Pudding 58

Schokolade
Alraunen-Hefezopf 94
Brownie-Zauberkessel 80
Fuchsbau-Schoko-Käsekuchen 112
„Happee Birthdae Harry“-Torte 72
Hogwarts-Lebkuchenschloss 68
Sprechender-Hut-Cupcakes 84
Verbotener-Wald-Kuchen 74

Scones
Antiobskuranten-Scones 48

Sellerie
Große-Halle-Hähnchenpastete 56
Halloumi-Heuler 44
Kürbispasteten 32

Semmelbrösel
Halloumi-Heuler 44
Hogwarts-Siruptorte 98

Sicher ist sicher 8

Snacks
Antiobskuranten-Scones 48
Blitz-Brote 12
Fliegende Schlüssel 100
Gryffindor-Schwert-Kekse 66
Hagrids Stein-Kekse 82
Herzhafte Eulen-Muffins 30
Kürbispasteten 32
Lunas Gespensterbrillen-Kekse 64
Mimbulus mimbeltonia-Brot 16
Nimbus-2000-Käsestangen 26
Nussige Drachen-Nester 60
Strickpullover-Kekse 110
Teufelsschlingen-Brezel 38
Yorkshire Pudding 58
Zeitumkehrer-Cracker 50
Zauberhüte 22
Zauberschachbrett 90
Zauberstab-Grissini 14

Speck
Kürbispasteten 32
Wassermenschen-Tarte 28

Spinat
Halloumi-Heuler 44

Sprechender-Hut-Cupcakes 84

Stilton
Wassermenschen-Tarte 28

Strickpullover-Kekse 110

Sultaninen
Hauselfen-Cupcakes 86

Süßes Brot
Alraunen-Hefezopf 94

Süßkartoffeln
Herzhafte Eulen-Muffins 30
Teufelsschlingen-Brezel 38

T

Tarte
Hogwarts-Wappen-Tarte 24
Wassermenschen-Tarte 28

Teufelsschlingen-Brezel 38

Tomaten
Quidditch-Feld-Focaccia 40

Tomatenmark
Heiligtümer-des-Todes-Brot 36
Herzhafte Eulen-Muffins 30
Kürbispasteten 32
Nicolas-Flamel-Taschen 34
Zauberstab-Grissini 14

Tomatensauce
Hogwarts-Wappen-Tarte 24

Trauben
Herzhafte Eulen-Muffins 30
Zeitumkehrer-Cracker 50

V

Vanilleextrakt
Alraunen-Hefezopf 94
„Happee Birthdae Harry“-Torte 72
Honigtopf-Krapfenkuchen 78
Knuddelmuff-Windbeutel 108
Lunas Gespensterbrillen-Kekse 64
Monsterbuch der Monster 102
Verbotener-Wald-Kuchen 74

Veganes
Blitz-Brote 12
Brownie-Zauberkessel 80
Ernährungsflaggen 5
„Happee Birthdae Harry“-Torte 72
Herzhafte Eulen-Muffins 30
Quidditch-Feld-Focaccia 40
Salazar Slytherins Schlange 18
Teufelsschlingen-Brezel 38
Zauberschachbrett 90
Zauberstab-Grissini 14

Vegetarisches
Alraunen-Hefezopf 94
Antiobskuranten-Scones 48
Blitz-Brote 12
Brownie-Zauberkessel 80
Dumbledores Zitronenbrötchen 106
Ernährungsflaggen 5
Fliegende Schlüssel 100
Fuchsbau-Schoko-Käsekuchen 112
Gleis-neundreiviertel-Polentakuchen 52
Gryffindor-Schwert-Kekse 66
Hagrids Stein-Kekse 82
Halloumi-Heuler 44
„Happee Birthdae Harry"-Torte 72
Haus-Baisers à la Hogwarts 92
Hauselfen-Cupcakes 86
Heiligtümer-des-Todes-Brot 36
Hermines Perlentasche 88
Herzhafte Eulen-Muffins 30
Hogwarts-Lebkuchenschloss 68
Hogwarts-Siruptorte 98
Hogwarts-Wappen-Tarte 24
Honigtopf-Krapfenkuchen 78
Knuddelmuff-Windbeutel 108
Kürbispasteten 32
Lunas Gespensterbrillen-Kekse 64
Mimbulus mimbeltonia-Brot 16
Monsterbuch der Monster 102
Nicolas-Flamel-Taschen 34
Nimbus-2000-Käsestangen 26
Nussige Drachen-Nester 60
Peitschende-Weide-Käsegebäck 46
Quidditch-Feld-Focaccia 40
Salazar Slytherins Schlange 18
Sprechender-Hut-Cupcakes 84
Strickpullover-Kekse 110
Teufelsschlingen-Brezel 38
Verbotener-Wald-Kuchen 74
Wassermenschen-Tarte 28
Yorkshire Pudding 58
Zauberhüte 22
Zauberschachbrett 90
Zauberstab-Grissini 14
Zeitumkehrer-Cracker 50

Verbotener-Wald-Kuchen 74

W

Walnüsse
Brownie-Zauberkessel 80
Nussige Drachen-Nester 60

Wassermenschen-Tarte 28

Wurst
Zauberhüte 22

Y

Yorkshire Pudding 58

Z

Zauberhüte 22

Zauberschachbrett 90

Zauberstab-Grissini 14

Zeitumkehrer-Cracker 50

Ziegenfrischkäse
Zeitumkehrer-Cracker 50

Zitronen
Dumbledores Zitronenbrötchen 106
Hagrids Stein-Kekse 82
Haus-Baisers à la Hogwarts 92
Hogwarts-Siruptorte 98

Zucchini
Herzhafte Eulen-Muffins 30
Hogwarts-Wappen-Tarte 24
Wassermenschen-Tarte 28

Zwiebeln
Große-Halle-Hähnchenpastete 56
Heiligtümer-des-Todes-Brot 36
Hogwarts-Wappen-Tarte 24
Kürbispasteten 32
Nicolas-Flamel-Taschen 34
Wassermenschen-Tarte 28
Siehe auch Frühlingszwiebeln; Rote Zwiebeln

Copyright © 2021 Warner Bros. Entertainment Inc.
WIZARDING WORLD characters, names and related indicia are © & ™ Warner Bros. Entertainment Inc.
WB SHIELD: © & ™ WBEI. Publishing Rights © JKR. (s21)

Alle Rechte vorbehalten. Kein Teil dieser Publikation darf ohne schriftliche Genehmigung in irgendeiner Weise reproduziert werden.

Das offizielle Harry Potter Backbuch
Deutschsprachige Ausgabe 2021 durch die Panini Verlags GmbH,
Schloßstraße 76, 70176 Stuttgart
Verlagsleitung: Gabriele El Hag
Chefredaktion: Nicole Hoffart
Redaktion: Eva-Regine Rauch
Redaktionelle Mitarbeit: Theresa Gorski
Übersetzung: Anita Weinberger-Schwendenwein
Lektorat: Claudia Weber
Produktion: Print Company Verlagsges.m.b.H.
Umschlaggestaltung: tab indivisuell, Stuttgart
Manufactured in China by Scholastic
ISBN 978-3-8332-4003-4

www.paninishop.de

Die Deutsche Nationalbibliothek verzeichnet diese Publikation in der Deutschen Nationalbibliografie;
detaillierte bibliografische Daten sind im Internet über http://dnb.d-nb.de abrufbar.

Englische Originalausgabe 2021
Scholastic Inc.
557 Broadway, New York, NY 10012

Supplementary imagery © Shutterstock

AMAZING15, Project Management and Design
JOANNA FARROW, Writer and Food Styling
KATE LLOYD, Additional Writing and Copy Editing
LIZ & MAX HAARALA HAMILTON, Photography
DOMINIQUE ELOÏSE ALEXANDER, Prop Styling (and Harry Potter super fan!)
MAUD EDEN, Food Styling

Thank you to our models:
Coco, Ejim, Faith, Lorraine, and Mikey

Special thanks to:
Kevin Pettman, Dan Scudamore, and Alysia Scudamore at Urban Angels

ACCIO
EXPECTO PATRONUM
RIDDIKULUS
LUMOS

ACCIO
LUMOS
EXPECTO PATRONUM
RIDDIKULUS
9¾